Gisela Thiele / Carl S. Taylor

Jugendkulturen und Gangs

Reihe
Soziale Arbeit aktuell in Praxis, Forschung und Lehre

Band 1

herausgegeben von

Prof. Dr. Thomas R. Hofsäss

Gisela Thiele / Carl S. Taylor

Jugendkulturen und Gangs

Eine Betrachtung zur
Raumaneignung und Raumverdrängung
nachgewiesen an Entwicklungen in den
neuen Bundesländern und den USA

VWB – Verlag für Wissenschaft und Bildung

Die Deutsche Bibliothek – CIP-Einheitsaufnahme

Thiele, Gisela:
Jugendkulturen und Gangs: eine Betrachtung zur Raumaneignung
und Raumverdrängung - nachgewiesen an Entwicklungen
in den neuen Bundesländern und den USA / Gisela Thiele & Carl S.
Taylor. - Berlin : VWB, Verl. für Wiss. und Bildung, 1998
(Soziale Arbeit aktuell in Praxis, Forschung und Lehre ; Bd. 1)
ISBN 3-86135-180-3

Verlag und Vertrieb:
VWB – Verlag für Wissenschaft und Bildung, Amand Aglaster
Postfach 11 03 68 • 10833 Berlin
Besselstr. 13 • 10969 Berlin
Tel. 030 / 251 04 15 • Fax 030 / 251 11 36

Druck:
GAM-Media GmbH, Berlin

INHALTSVERZEICHNIS

Vorwort

Jugendkulturen und Gangs, ein spannungsreiches und somit konflikthaftes Thema, welches insbesondere im Bereich präventionsorientierter Jugendarbeit anzusiedeln ist. Der Beitrag von Frau Prof. Thiele (Hochschule für Technik, Wirtschaft und Sozialwesen Zittau/Görlitz) und Herrn Prof. Taylor (Michigan State University/USA) setzt Impulse für die Betrachtungsweise von Jugendkulturen und Gangs aus einer Innen - und Außenperspektive. Bemerkenswert erscheint der unikate Versuch die Darstellung jugendkultureller Strömungen in einer Teilregion der USA mit Teilregionen Ostdeutschlands zu verknüpfen.

Der gängige Ansatz, diverse soziale und kulturelle Entwicklungen der USA projektiv auf europäische Entwicklungskontexte in Perspektive anzuwenden, wird ignoriert zugunsten einer gleichrangig vergleichenden Untersuchung von ausgewählten Sozialräumen. Das Konzept von Raumaneignung und Raumverdrängung wird als kulturunabhängige Matrix benutzt, um eine Regionaltypik dieser räumlichen Aneignungs- und Verdrängungsprozesse zu ermitteln. Aufgrund der Fokussierung auf aktuelle Ausschnitte jugendkultureller Strömungen gelingt eine Tiefenschärfung, die einen Bestand sozialer Handlungsweisen darstellt und stellenweise auf dem Hintergrund gängiger alltagsorientierter Interpretationsmuster zu werten versucht. Dabei werden durchaus die innerhalb eines Sozialraumes verfügbaren Interpretationsmuster aufgegriffen.

Die Deutungen von sozialen Handlungsprozessen ergeben sich aus konkreten Begegnungen im Rahmen partizipatíver Feldforschung. Ein unverstellter Blick auf diesen Wirklich-keitsausschnitt hilft so manche artifizielle Analyse bloßzustellen und deren praxeologi-schen sowie sozialwissenschaftlichen Gehalt zu prüfen. Auch hieraus speist sich die span-nungsreiche Substanz des Textes.

Die entschiedene Positionierung der Autoren zu einem schwierigen Entwicklungsprozeß jugendkultureller Strömungen unter dem Rahmenparadigma sozialintegrativer Prozesse in pluralistischen Gesellschaftsformen läßt im Umkehrschluß Perspektiven für an der Le-benswelt orientierte Präventionskonzepte zu. Unmißverständlich wird auf die Abhängig-keit jugendkultureller Strömungen von sozialpolitischen Steuerungsinstrumenten verwie-sen, die erst auf der Grundlage von Wechselwirkungen ihre Dynamik entfalten.

Der kulturvergleichende Zugang zu diesem in der Praxis, Politik und Lehre sozialer Arbeit relevanten Thema eröffnet einen Handlungsansatz, der die Einbettung jugendlicher Sozia-lisation innerhalb sozialer Räume perspektivenreich thematisiert. Die Wertigkeit und Be-wertung einzelner thematischer Komplexe regt zur Auseinandersetzung mit einer der we-sentlichen Entwicklungsfragen heutiger Jugendanalysen (jenseits von abgeklärter Anma-ßung) an.

Prof. Dr. Thomas Hofsäss

Zum Thema

Ist es vorstellbar, daß in Städten wie Köln, Hamburg oder Leipzig fast alle Stadtgebiete durch Gangs besetzt sind, die ihr Territorium, streng abgegrenzt, als Macht - und Erwerbsquelle beherrschen? Ist es möglich, eine Gesellschaft in einer Gesellschaft zu gründen, die eigene Gesetze, eigene Strukturen hat, in der die Polizei und andere Ordnungshüter ihre Arbeit für zwecklos halten?

Was hierzulande schwer vorstellbar ist, gehört in Städten der USA längst zur wirksamen Realität. Gangland ist eine Szenerie, die dem flüchtigen Betrachter trostlos erscheint, anderen aber eine Faszination und Intensität vermittelt, wie man sie in keiner anderen Gegend findet. Gewiß, Gangs sind weder absolut autark noch autonom, sie stehen in Verbindung mit der Stadt, beschäftigen Schulbehörden und Polizeiapparat, und sie beginnen sich auch in Deutschland zu etablieren.

Um diesen Anfängen zu wehren, wurde von der Stiftung Deutsch - Amerikanisches Akademisches Konzil (DAAK) in Bonn ein Forschungsvorhaben gefördert, welches sich wissenschaftlich mit der Raumaneignung von Jugendkulturen und Gangs in Deutschland und den USA auseinandersetzt. Das vorliegende Buch ist das bisherige Ergebnis dieses Projektes.

Es soll insbesondere Städteplanern, Kommunalpolitikern, Sozialarbeitern und allen mit Jugendlichen befaßten Institutionen Aufforderung und zugleich Hilfe sein, räumliche Verdrängungsprozesse jugendlicher Kulturen zu analysieren.

Wenn bisher Jugendkulturen in Deutschland als allgemeines Durchgangsstadium zum Er-
wachsenenalter verstanden wurden, so deuten die aus den USA gewonnenen Ergebnisse
darauf hin, daß in jeder Jugendkultur Keime zu einer kriminellen Vereinigung, einer
Gang, liegen können. Es ist eben nicht so, wie Felix M. Padilla (1992, 102) hervorhebt:
Banden entstehen einfach, ohne Absicht und Zutun, ohne daß jemand sät und pflegt, eben
wie Unkraut am Straßenrand. Nein, Gangs können verhindert werden, wenn die gesellschaftlichen Bedingungen, die zur Entstehung beitragen, Berücksichtigung finden. Wenn
Jugendliche Raum zum Leben haben sowie eine individuelle und gesellschaftliche Perspektive, dann kann der Nährboden zur Bildung von Gangs entzogen werden.

Jugendliche leben ihr Leben, und dennoch leben sie nicht isoliert von uns. Sie verwenden
andere Worte, um ihr spezifisches Lebensgefühl auszudrücken, eignen sich ihre Räume an
und versuchen dort ihr individuelles Lebensglück zu finden. Die Betonwüsten vieler mo-
derner Städte stapeln Menschen in einer ganz und gar künstlichen und kalten Umwelt.
Alle Konflikte und Zerwürfnisse, die viele Familien ohnehin schon hierher tragen, werden
dadurch katastrophal verschärft. Gropiusstadt ist nur ein Beispiel für zahlreiche Neubausiedlungen, die lediglich nach technisch funktionalen Prinzipien gebaut und dabei an den
emotionalen menschlichen Bedürfnissen vorbeigeplant wurden. Die im Ostteil Deutschlands als "Schlafsilos" bezeichneten Unterkünfte sind deshalb nicht zufällig zu Brennpunkten jugendkultureller Gruppierungen geworden und sie bieten noch mehr, Entwick-
lungsmöglichkeiten, Keime für Gangs.

Wenn sich Jugendliche nicht resignativ und abgestumpft dem anonymen, durch Isolation
und Konkurrenzdruck gekennzeichneten Massenbetrieb in den Schulen fügen können,
dann flüchten sie heimlich in eine träumerisch verklärte Nebenwelt und nehmen nur noch
äußerlich formal an den familiären und schulischen Ritualen teil. Sie "besetzen" auf ihre
Art das Wohnumfeld, finden in Jugendgruppen einen Platz und schaffen sich zuweilen
durch Rebellion und Opposition Atmungsfreiheit, die sie in der als kühl und wenig ju-

gendfreundlich erlebten Gesellschaft vermißt.

Im achten Jahr des wiedervereinigten Deutschland haben sich Jugendliche teils angepaßt an die neuen sozialen Räume, im Sinne erweiterter sozialer, kultureller und politischer Chancen, teils zurückgezogen in Nischen, die auch diese Gesellschaft bietet, und teils üben sie Widerstand gegen diese neue Welt. Mit der Öffnung des sozialen Raums vollzogen sich qualitative Veränderungen der sozialen Erfahrungen in Familie, Alltag und Beruf. Jugendliche, vor allem aber deren Eltern, haben in den letzten Jahren die Erfahrung der Abwertung ihres ökonomischen, kulturellen und sozialen Vermögens machen müssen.

Die jugendlichen Reaktionsweisen auf gut gemeinte bis stigmatisierte Beiträge der Erwachsenen reichen demzufolge auf der Suche nach alternativen Lebenswegen in einer narzißtischen, leistungsorientierten Welt von erwartungsgemäßer Anpassung bis zur Abgrenzung durch Zugehörigkeit zu einer Jugendkultur oder gar zu einer jugendlichen Gang.

Jugend wird heute aus der Sicht Erwachsener nicht nur als kultureller Hoffnungsträger begriffen, sondern ebenso als Bedrohung und vielleicht auch als etwas Unerklärliches, nicht recht Faßbares. Jugend - Kritiker vergessen jedoch mitunter, sich in ihren eigenen, älter gewordenen Reihen umzuschauen. Geht der Vater mit dem Sohne aus lieber Langeweile zum Konzert der Rolling Stones? Oder ist die enkelerfahrene Oma mit knalligem Sport - Dress ins Fitneß - Studio gezwungen worden? Zutreffend ist wohl eher, weil es einfach Spaß macht bzw. es heutzutage "normal" oder "in" ist, Jugendlichkeit zu verkörpern. Das ist die eine Seite. Die andere ist, daß Jugend zwar nachgeahmt, aber dennoch oftmals nicht verstanden wird.

Immer wieder können wir beobachten, daß an innerstädtischen, stark frequentierten Plätzen Erwachsene ihren Bus nach Hause verpassen, weil ihre Blicke, von der Straße abgewandt, auf Gruppen junger Menschen verschiedener jugendkultureller Strömungen gerichtet sind. Diese sitzen inmitten der vielen Vorübereilenden teilnahmslos, zuweilen auch provokativ im Kreis, rauchen, schwatzen und Bierdosen klappern. Ab und an löst sich einer aus dem Kreis und fragt Passanten: "Haste mal Kleingeld, Bürger?".

Die Meinung der Erwachsenen wird deutlich artikuliert: "Was ist bloß aus der Jugend geworden, was ist da los?" So das Statement einer älteren Dame, die kopfschüttelnd und entsetzt zu den Jugendlichen hinüber schaut. Zwei Herren sind sich schnell einig, daß es Zeit wird für die Polizei, ein paar Wochen Gefängnis für solch "arbeitsscheues Gesindel" könnten nicht schaden. "Sogar Mädchen sind dabei, welch eine Schande!"

Was läßt die Beobachter zu diesen oder ähnlichen Kommentaren hinreißen? Es ist wohl die Tatsache, daß Jugendliche, offenbar zufällig, öffentliche Straßen und Plätze, teilweise ganze Wohngebiete als die ihren definiert haben, diese für ihre Zwecke und Treffen nutzen. Die Damen und Herren Beobachter starren da auf etwas, was sie nicht verstehen, und das Unverständliche macht ihnen Angst.

Was ist es, was junge Menschen im Altersspektrum zwischen 14 und 25 Jahren so auffällig, sogar bedrohlich macht? Warum treffen sie sich gerade hier und nicht anderenorts? Was wissen Außenstehende nicht, wenn sie im Alltag mit solchen jugendkulturellen Gruppen konfrontiert werden? Welche Jugendlichen sind es, die an diesen Plätzen, in der spezifischen Gruppe ihre Heimstätte gefunden haben? Welche frei und selbst gewählten Stil - Elemente sind für einzelne Gruppierungen charakteristisch? Wer besetzt welche Räume und warum? Was sind spezifische Unterschiede in der Raumaneignung zwischen Jugendkulturen und jugendlichen Streetgangs? Diese und andere Fragen werden im vorliegenden Buch diskutiert und erörtert. Hauptanliegen ist demzufolge die Analyse räumlicher Aneignungs - und Verdrängungsprozesse, die sich in jugendlichen Gruppierungen vollziehen.

Dabei ist es besonderes Anliegen zu verdeutlichen, daß hinter der jugendlichen Zurschaustellung eigener Unzufriedenheit, Enttäuschung und Ohnmacht gegenüber den momentanen Lebensverhältnissen Einzelschicksale stehen, die ihre eigene Sprache sprechen. "Diese Jugend" - ein zeitloser, immer wiederkehrender Ausspruch der Erwachsenen ist im Vergleich mit vergangenen Zeiten noch nie mit so ambivalenten Sinngehalten versehen worden wie heute. Diese Jugend als homogene, abgeschlossene Gruppe gibt es längst nicht mehr. Wir sind umgeben von jungen Leuten, die sich sehr differenzierten Gruppen und Lebensstilen verpflichtet fühlen, die sich ihren Platz in ihrer Buntheit und Vielgestaltigkeit zu erobern suchen.

Allen, die durch Anregungen und Kritik zur Entstehung dieses Buches beigetragen haben, möchte ich an dieser Stelle herzlich danken. Besonderer Dank gilt meinem Korrektor, Herrn Reinhold Lehmann, der mich desweiteren immer zur kritischen Reflexion veranlaßte, und den StudentInnen Anja Heimann, Alexander Janze, Torsten Pfeiffer und Olaf Schubert, die sich in ihren Diplomarbeiten mit einzelnen Jugendkulturen auseinandergesetzt haben. Ebenso möchte ich mich bei Reno Rössel und Michael Lippold bedanken, die die Gang in Weißwasser beobachtet haben und deren Aktivitäten weiter verfolgen.

1. Die Jugend - Entwicklung und Perspektiven

Wenn gegenwärtig von der Jugend gesprochen wird, meint man, ein unüberschaubares Konglomerat von unterschiedlichen Lebensweisen, Lebensanschauungen, Verhalten und Zukunftsvorstellungen vorzufinden. Kennzeichnend dafür ist der gegenwärtig schnelle soziale Wandel mit nachhaltigen Veränderungen in den Strukturen unserer Gesellschaft und deren Wertemustern. Er wird durch umfassende ökonomische, soziale und strukturelle Modernisierungsprozesse in den neuen Produktionstechniken ausgelöst und führt zu einem bisher nicht gekannten Individualisierungsschub, der auch oder gerade die Jugend erreicht.

Dieser Prozeß der Individualisierung der Lebensweisen und Subjektivierung der Lebensstile läßt sich in Anlehnung an Beck (1986, 220) wie folgt umreißen: Infolge des gesellschaftlichen und ökonomischen Zwangs zur Teilhabe am allgemein gestiegenen Lebensstandard wird von Jugendlichen und Erwachsenen größere soziale und geographische Mobilität gefordert. Die zunehmende Ausdifferenzierung von Teilsystemen der Gesellschaft in Arbeits -, Wohn - und Freizeitbereiche mit jeweils unterschiedlichen Wert - und Normsystemen sowie Rollenanforderungen lösen die Individuen aus traditionellen Bindungen der Familie, Nachbarschaft, Betrieb und Milieu heraus. Dadurch eröffnen sich ihnen immer neue Möglichkeiten für eine individuelle, selbst gestaltete Lebensweise. Obgleich natürlich innerhalb der Gesellschaft nach wie vor krasse Einkommensunterschiede und Existenzlagen existieren, sind diese immer weniger durch die soziale Lage und Herkunft vorgeprägt. Bildungswege und damit verbundener sozialer Aufstieg sind heute nicht mehr klassenspezifisch verortet, sondern an individuellen Leistungswillen und selbständige Lebensgestaltung gebunden.

Allerdings ist anzumerken, daß individuelle Fähigkeiten und Leistungswillen allein nicht ausreichen, um einen eigenen, von tradierten elterlichen Vorstellungen gelösten Weg verwirklichen zu können. Die materielle und damit unmittelbar verbunden arbeitsmäßige Sicherheit sind Grundvoraussetzungen für eine individuelle Lebensgestaltung, deren sich heute junge Leute keinesfalls mehr sicher sein können. Die daraus folgende Konsequenz ist, daß der Individualisierung des Einzelnen zwar gesamtgesellschaftlich Vorschub geleistet wird, aber ebenso ökonomische und andere Grenzen gesetzt werden.

Dennoch bleibt insgesamt die Tatsache einer gestiegenen und immer risikoreicheren Verantwortung für die eigene persönliche Lebensplanung. In einer individualisierten Gesellschaft muß der Einzelne bei Strafe seiner permanenten Benachteiligung lernen, sich selbst als Handlungszentrum, als Planungsbüro bezüglich seines eigenen Lebenslaufs, seiner Fähigkeiten, Orientierungen, Partnerschaften usw. zu begreifen (Beck 1986, 217).

Demgegenüber steht die Ohnmacht des Einzelnen zur gesellschaftlichen Einflußnahme auf mehr und mehr zersplitterte Lebensbedingungen und Lebenswelten. Immer mehr Menschen müssen die Erfahrung einer neuen Unübersichtlichkeit bei der Interpretation gesamtgesellschaftlicher Vorgänge machen, wenn allgemeinverbindliche Leitüberzeugungen und moralische Maßstäbe fehlen und Orientierungslosigkeit vorherrscht (Habermas 1985, 141).

Das gilt insbesondere für die junge Generation, die nicht, wie bisher die Älteren, auf vorgeschriebene, aus erwachsenen Leitbildern resultierende Orientierungen zurückgreifen kann. Sie muß sich selbst in der fast unüberschaubaren Vielfalt der Lebensstile definieren, muß den eigenen spezifischen Weg finden, der ihr einen Platz in der heutigen Gesellschaft einräumt.

Dazu beigetragen hat auch, daß im Laufe der letzten Jahre die Form des autoritären Konventionalismus immer mehr durch die Selbstbestimmung der Jugendlichen abgelöst wurde. Die Beziehungen zwischen Eltern und Kindern sind immer mehr an einer kommunikativen Partnerschaft orientiert. Andere Werte gewinnen an Bedeutung. So lösen die "neuen" Werte wie Selbstbewußtsein, Toleranz und Kritikfähigkeit die "alten" wie Gehorsam, Anpassung, gutes Benehmen, Zuverlässigkeit etc. auf der oberen Rangliste vieler empirischer Studien ab.

Die Generationen haben sich aufeinander zubewegt. Beide Seiten zeigen die Bereitschaft, voneinander zu lernen. Natürlich haben sich generationstypische Schwerpunkte erhalten, teilweise aber auch überkreuzt. Jedoch ist eine Pluralisierung von Lebensmodellen, Erziehungsstilen und der damit verbundenen Erwartungen nicht zu übersehen.

Der Individualisierungsschub der Moderne veranlaßt Jugendliche demzufolge mehr zur eigenen lebensgestaltenden Initiative. Dabei können sie sich einerseits immer weniger tradierten Vorstellungen Erwachsener anschließen, andererseits wollen sie sich nicht mehr auf deren Vorgaben und Ratschläge verlassen. Der propagierte Verzicht auf aktuelle Bedürfnisse zugunsten späterer Vergünstigungen stellt keine ausreichende Zukunftsmotivation mehr dar. Das heißt aber auch, daß der zentrale Mechanismus der Positionszuweisung und - findung in der Erfahrung Jugendlicher kaum noch funktioniert (Hornstein 1987, 507).

In der neueren Jugendforschung wird der Ansatz der Individualisierung und der Pluralisierung von Lebensstilen als zentrale, strukturelle Ursache für aktuelle jugendtypische Problemlagen diskutiert. Individualisierung meint die Ablösung vom Herkunftsmilieu (Familie) und dessen Wert - und Moralvorstellungen, also von "traditionellen Sozialbeziehungen und geltenden Gewißheiten" (Heitmeyer 1995, 44). Sie meint aber auch den Bedeutungsverlust von Autoritäten und Institutionen (Schule, Staat etc.). An ihre Stelle treten von den einzelnen Jugendlichen selbst gesuchte, selbst probierte und schließlich bewußt gewählte Orientierungen und Verhaltensweisen.

"Sozial vorgegebene Biographie wird in selbst hergestellte und herzustellende transformiert, und zwar so, daß der einzelne selbst zum `Gestalter seines eigenen Lebens` wird und damit auch zum `Auslöffler der Suppe, die er sich selber eingebrockt hat,`" (Beck 1983, 58). Dieses Zurückdrängen der Ursprungsmilieus ist die Folge zunehmender Mobilität, dem wachsenden Einfluß der Medien, dem enormen Zuwachs an "materiellen und zeitlichen Freiheitsspielräumen" und schließlich der großen Anzahl der individuellen Möglichkeiten zur Gestaltung der eigenen Biographie.

Heitmeyer (1995, 52) weist auf folgenden Zusammenhang hin: Weil sich Jugendliche von den Herkunftsmilieus unabhängige Lebenswelten eröffnen, erfahren besonders Peer - groups einen Bedeutungszuwachs. Sie "... bilden eine wichtige Funktion bei der Ablösung vom Elternhaus wie bei der Vermittlung von alltagskulturellen Praxen. ... Peergroups bilden im Zusammenhang mit anderen Agenturen vor allem Erfahrungsfelder für sozialen Austausch und Kommunikation. Darüber hinaus entwickeln Jugendliche Handlungskompetenz, erleben aber auch den Umgang mit sozialer Zuschreibung, Ausgrenzung bzw. Gerechtigkeit."

Denn wenn traditionelle Sicherheiten wegfallen und an ihre Stelle eine Vielfalt von Angeboten und eine Wertepluralisierung treten, gewinnen besondere persönliche Eigenschaften, nämlich die Fähigkeiten zur moralischen und existentiellen Selbstreflexion, zunehmend an Bedeutung. Diese sind aber nicht möglich, ohne daß der/die Jugendliche die Perspektive der anderen übernimmt (Habermas 1988, 240).

Deshalb versuchen sie jugendkulturelle Antworten auf ihre klassenspezifische Lebenslage zu geben, die außerordentlich variabel sind. Sie können weder als bloße Widerstandsformen gegen aufgezwungene, tradierte Lebensordnungen noch als Übereinstimmungen mit einer bestimmten Kultur interpretiert werden. Es sind vielmehr Unabhängigkeitserklärungen derjenigen, die anders sein, anders leben und denken wollen.

Um dies verwirklichen zu können, bilden sich jugendkulturelle Bewegungen heraus, die, um Geltung zu erlangen, bestehende Legitimationssysteme verletzen. Nach Baake (1993,

182) soll diese Regelverletzung Ansprüche sichern, Ansprüche, gesehen und gehört zu werden, in einer von den Erwachsenen und deren Leistungsorientierung dominierten Welt. Sie antworten damit auf die vorgefundene und vorgelebte gesellschaftliche Realität und schaffen sich eine neue, eine jugendlich auslebbare, wenn auch vielleicht zeitlich begrenzte Welt. In dieser eignen sie sich ihre Lebensräume an, erobern sie auf Zeit oder besetzen sie dauerhaft. Die Raumaneignung Jugendlicher soll anhand des sozialökologischen Konzeptes analysiert werden, wobei es darum geht aufzuzeigen, welche spezifischen Räume von jugendkulturellen Gruppierungen und welche von Jugendgangs besetzt werden.

2. Raummodelle und Aneignung von Räumen

2.1. Der Raum – eine philosophische Betrachtung

Raum und Zeit sind Anschauungen und keine Begriffe, sie sind intuitiv gegeben, sie umgeben uns, wir begeben uns in sie und aus ihnen und sie werden (insbesondere der Raum) durch Richtungen bestimmt.

Die gegenwärtige Epoche ist die Epoche des Raumes, ist die Epoche des Nahen und des Fernen, des Nebeneinander und Aufeinander. Es ist eine Zeit, die sich weniger als ein großes sich durch die Zeit entwickelndes Leben erfährt, sondern eher als ein Netz, das seine Punkte im Raum verknüpft. „Vielleicht könnte man sagen, daß manche ideologischen Konflikte in den heutigen Polemiken sich zwischen den anhänglichen Nachfahren der Zeit und den hartnäckigen Bewohnern des Raumes abspielen" (Foucault, 1990, 34). Insofern hat auch der Raum als solches seine Geschichte und entwickelte sich historisch im Mittelalter als ein hierarchisches Ensemble von Orten, heilige Orte und profane Orte, geschützte Räume und offene, die letztlich endlich waren, verhaftet im damaligen Erkenntnisstand.

Dieser endliche Raum hat sich mit Galilei geöffnet in der Konstituierung eines unendlichen und unendlich offenen Raumes. Die Orte und Räume heute sind nur mehr ein Punkt in einer unendlichen Bewegung. Bewegung in Räumen, die durch Ortschaften, Natur, Bäume, Menschen, Nachbarschaftsbeziehungen u.a. definiert werden. Es ist eine Zuordnung von markierten oder codierten Elementen innerhalb eines Raumes, die entweder zufällig verteilt oder spezifisch klassifiziert werden.

Ganz konkret stellt sich dabei das Problem der Plazierung für die Menschen, ihre Aneignung, Bewahrung des Raums oder der Verdrängung aus diesem. Es geht nicht nur um die Frage, ob es in der Welt genug Platz für den Menschen gibt - eine durchaus sehr wichtige Frage - sondern es geht auch um die Frage, welche Nachbarschaftsbeziehungen, welche Verflechtungen für Menschen in bestimmten Lebenslagen und Lebensumständen gewährt werden müssen und sollen. So sind beispielsweise bestimmte räumliche Gegebenheiten zu akzeptieren: zwischen dem privaten Raum und dem öffentlichen Raum, zwischen dem Raum der Familie und dem der Gesellschaft, zwischen dem Raum der Freizeit und dem Raum der Arbeit.

Dies verdeutlicht, wir leben nicht in einem homogenen oder leeren Raum, sondern in einem inneren und äußeren. Der innere Raum, der Raum unserer Wahrnehmung, unserer Träume, Hoffnungen und Leidenschaften, der dunkel und hell sein kann, weit und licht oder eng und versperrt. Diesen Raum wollen wir nicht in den folgenden Ausführungen weiter betrachten, obgleich auch er bei der Raumaneignung und - bewahrung durch Emotionen und Gefühle eine wichtige Rolle spielt.

Der Raum des Außen, ein Raum, in dem wir leben, der als verfügbarer Raum pro Person oder Familie bzw. als verfügbare Fläche im Wohnbereich pro Person gesehen werden kann. Ebenso kann der Raum im ökologischen Sinne als Nachbarschaft, Quartier, Stadtteil mit den verschiedenen relevanten sozialen Merkmalen aufgefaßt werden. Es ist der Raum, in dem sich unser Leben, unsere Zeit und Geschichte abspielt, in dem wir uns entwickeln und der uns teilweise zerstört.

Es sind dies Plazierungen, die die sonderbare Eigenschaft haben, sich auf alle anderen Plazierungen zu beziehen, mit allen anderen Räumen in Verbindung zu stehen. Konkret kann das der zentrale Ort des Lebensmittelpunktes sein, die Familie, Häuser, Straßen und Plätze, Institutionen usw.

Alle diese Räume aber unterliegen bestimmten Grundsätzen, die Erwähnung finden sollen, um auf das zentrale Thema des Buches vorzubereiten: der Aneignung und Besetzung des Raumes.

1. Immer gab und gibt es privilegierte, geheiligte, geschützte oder auch gemiedene Orte, die Menschen vorbehalten sind, die sich in einer bestimmten Situation befinden: Eliteschulen, Wallfahrtsorte, Frauenhäuser und Gefängnisse. Es sind dies Orte, die Menschen zuweilen ausfüllen, die sich im Verhältnis zur Gesellschaft und inmitten ihrer menschlichen Umwelt in einer bevorzugten Lage oder in einem Krisenzustand befinden.

2. Orte oder Räume haben sich im Laufe ihrer Geschichte spezifisch entwickelt und unterliegen ganz bestimmten örtlichen Bestimmungen innerhalb der Gesellschaft und Kultur. Ein nachvollziehbares Beispiel ist der Friedhof, der im Verhältnis zu den gewöhnlichen kulturellen Orten gleichwohl ein Raum ist, der mit der Gesamtheit der Stadt oder des Dorfes verbunden ist, da jede Familie mit ihm eine Geschichte verbindet. So war der Ort des Friedhofes bis zum Ende des 18. Jahrhunderts im Herzen der Stadt, neben der Kirche. Da gab es eine ganze Hierarchie von möglichen Gräbern, die der des tatsächlichen Lebens entsprach. Dieser Friedhof, der im geheiligten Raum der Kirche untergebracht war, hat sich in der modernen Zivilisation in ganz andere Räume verlagert. Er ist an den äußersten Rand der Städte verdrängt worden und mit ihm, infolge der Individualisierung des Todes, die Angst vor dem Tod als Krankheit, Absonderlichkeit.

3. So wie der Friedhof sind alle Orte an bestimmte Zeitschnitte gebunden, an Zeitverläufe. Es gibt Räume, die sich gewissermaßen auf die Akkumulation der Zeit in einer komplexen Art und Weise beziehen: die Museen, die Bibliotheken. Es ist die Idee, alles zu akkumulieren, eine Art Generalarchiv zusammenzutragen, der Wille, an einem Ort alle Zeiten, alle Epochen einzuschließen, eine fortwährende und unbegrenzte Anhäufung der Zeit an einem unerschütterlichen Ort (Foucault a.a.O.). Demgegenüber gibt es

Räume, die nicht an langfristige Zeiten gebunden sind, sondern im Gegenteil an das Flüchtige, Vorübergehende, Schnelle: das Fest, die Disco, die Action auf kurze Zeit. Das sind wohl eher die Räume der Moderne, die der Welt des Jungseins entsprechen und aus ihr die ihnen eigene Kraft schöpfen.

4. Räume setzen immer ein System von Öffnungen und Schließungen für bestimmte Menschen voraus, das sie gleichzeitig isoliert und durchdringlich macht. So sind im allgemeinen einzelne Plätze nicht ohne weiteres zugänglich. Entweder man wird zum Eintritt gezwungen (Kaserne, Gefängnis) oder man muß sich bestimmten Eintrittsregeln unterziehen (Mitgliedschaft in religiösen Bewegungen oder in Gangs). Letztere Räume kann zwar jeder betreten, aber in Wahrheit ist es nur eine Illusion. Nur jener kann eintreten, der sich den Wert - und Normvorstellungen derer anschließt, die sich bereits in diesem Raum befinden.

5. Schließlich hat jeder Raum gegenüber dem verbleibenden eine Funktion. Das Haus, die Wohnung hat die Funktion, die Familie zu binden, sie zu schützen und Raum zur Entwicklung zu bieten. Das Seniorenheim hat die Funktion, alten Menschen einen angenehmen Lebensabend zu ermöglichen. Der Jugendklub die Funktion, jungen Menschen einen Verwirklichungs - und Erprobungsraum zu geben.

Insgesamt ist der Raum also etwas Lebendiges, nicht Stillstehendes oder Festgelegtes. Es ist ein Ort, der aus sich selber lebt, der in sich geschlossen ist und gleichzeitig unendlich offen ist, der an seine Grenzen stößt oder sie auflöst.

Allerdings scheint der Raum nicht für alle gleich zu sein, denn er ist für bestimmte Gruppen, beispielsweise für Jugendkulturen, begrenzt. Selbtverständlich erlebt der Einzelne den Raum nicht als Unendlichkeit, sondern er erlebt und sieht ihn immer begrenzt. Die Menschen, die im Raum leben, tun ihr Übriges: sie eignen sich diesen an, verwirklichen sich in ihm, besetzen ihn, funktionieren ihn um, schließen oder öffnen ihn. Wie, wodurch und durch wen das geschieht, ist eine Frage der Zeit, der Gesellschaft, der Kultur.

Das philosophische Raummodell ermöglicht die Betrachtung räumlicher Gegebenheiten auf spezifische Weise. Es ist ein Modell, das die Endlosigkeit des Raumes verdeutlicht, die komplexe Verflechtung von Funktionen, Verlagerungen, weist auf Orte, die wichtige Mutationen erfahren haben. Damit gelingt es, die Möglichkeit der Öffnung und Schließung von Räumen und der ganz spezifischen Besetzung dieser nachzuzeichnen.

Das Modell ist somit geeignet, die Sicht auf das Problem Raum zu schärfen, in die Spezifik und Funktion von Räumen auf allgemeine Art und Weise einzuführen. Es gelingt damit allerdings nicht plastisch genug, die individuelle Nutzung von Räumen verschiedener Gruppierungen zu beschreiben. Deshalb soll im Folgenden auf ein sozialökologisches Raummodell eingegangen werden, das nachvollziehbar das Anliegen des Buches einlösen kann.

2.2. Der Raum - eine sozialökologische Betrachtung

Handlungs - und Erfahrungszusammenhänge der vielfältigen Jugendkulturen und jugendlicher Gangs können nur durch die detaillierte Analyse der jeweiligen Lebenswelten erfaßt und verstanden werden. Diese Wechselbeziehung zwischen sozialer Umwelt und sozialem Verhalten ist in Beziehung auf jugendliche Gruppierungen bisher nur unzureichend untersucht und analysiert worden. Eine solche sozialökologische Betrachtung allerdings ist die wohl einzige Möglichkeit, Aneignungs - und Verdrängungsprozesse von Jugendkulturen und Gangs beschreiben und nachvollziehen zu können. Sie erhebt den Anspruch, Individuen in ihren konkreten Lebenszusammenhängen zu untersuchen.

Hierbei geht es explizit um die Analyse, unter welchen räumlichen Gegebenheiten sich jugendkulturelle Gruppen und Gangs wo und warum gerade dort treffen. Ist der Raum für die Bildung von Jugendgruppen also konstitutiv, d.h. determinierend? Welche Gruppen treffen sich an welchen Orten, Plätzen, öffentlichen Räumen? Gibt es unter den verschiedenen jugendkulturellen Strömungen räumliche Verdrängungsprozesse und warum? Wer läßt sich durch wen im öffentlichen Raum ausmanövrieren? Haben sich die spezifischen

Aneignungsweisen der ökologischen Zonen durch die gesellschaftlichen Umwälzungspro-
zesse im Ostteil Deutschlands verändert? Solche und ähnliche Fragen müssen bei einer
sozialökologischen Betrachtung von Jugendkulturen und Raumverhalten analysiert und
beantwortet werden und sind Anliegen des vorliegenden Buches.

Entsprechend der von Baake beschriebenen Ablösung, indem sich an bestimmte historische Zeitläufe, Territorien und soziale Herkünfte gebundene Jugendstile und - kulturen
von ihrem Ursprung abheben und so zur Szene werden (Baacke 1993, 90), soll im fol-
gendem die Idee der "szenischen Beschreibungen" weiterentwickelt werden, und zwar so,
daß der sozialökologische Ansatz mit den Tribalisierungseffekten in den einzelnen Jugendkulturen verbunden wird. Dabei ist es wichtig, die individuellen Unterschiede und
Eigenarten zwischen den einzelnen Szenen herauszuarbeiten und aufzuzeigen.

Zunächst soll das Zonenmodell von Baake (1993, 143), welchem ein sozialökologisches
Raumkonzept zugrunde liegt, vorgestellt werden. Baake bezieht sich dabei auf die Beziehungen der Individuen zu ihrer sozialen Umwelt und der spezifischen Aneignung dieser.

Danach erweitert sich die Lebenswelt Jugendlicher allmählich. Sie beginnt im ökologischen Zentrum, wo das Kleinkind an die Familie gebunden ist. Als Kind wird die Nachbarschaft, der ökologische Nahraum, mit einbezogen. Sodann werden die ökologischen
Ausschnitte und letztlich die Peripherie in der Raumaneignung erobert. In dieser Weise
durchläuft jeder unterschiedliche Zonen, die schematisch als sich erweiternde konzentri-
sche Kreise zu betrachten sind.

Die erste Zone ist der alltägliche und unmittelbare Umraum, in den jemand hineingeboren
wird: das ökologische Zentrum. Meist ist es der Ort der Familie. Hier sind emotionale
Bindungen und starke Abhängigkeiten der Heranwachsenden von den Älteren vorherr-
schend.

Die zweite Zone ist die Umgebung der Zone 1, ökologischer Nahraum genannt. Hier
nimmt das Kind erste Außenbeziehungen auf. Der Stadtteil, die Wohngegend wird zu ei-

nem Revier voller Treffpunkte und Aktionsmöglichkeiten, je nach deren Ausstattung und Gegebenheiten angereichert oder eingeschränkt. Hier gibt es für das Kind erste Möglichkeiten zur Aufnahme von Außenbeziehungen und eigener "Raumeroberung".

Die dritte Zone wird durch funktionsbestimmte Beziehungen gekennzeichnet. Die Schule und andere Einrichtungen (Kirche, Sportplatz, Verbände etc.) sind typisch hierfür. Sie werden nur zu bestimmten Zeiten und Zwecken aufgesucht und stellen an den Benutzer funktionsbestimmte Rollenanforderungen. An den Rändern dieser ökologischen Ausschnitte entwickeln Jugendliche ihre Peer - Beziehungen, entstehen Freundschaften, führt die gemeinsame jugendkulturelle Ausdrucksweise am Freizeitort Heranwachsende zusammen.

Die ökologische Peripherie ist der nicht systematisch, sondern nur zuweilen zur Verfügung stehende Handlungsraum (daher für das Alltagshandeln peripher, in einer Randlage): z.B. die Ferien auf dem Bauernhof, gelegentliche Freizeitangebote etc. Vielfalt und Reichhaltigkeit, am Rande von alltäglichen Handlungsräumen befindlicher Orte, entscheiden auch über Alternativen zur unmittelbaren Erfahrungswelt junger Menschen. Je mehr Möglichkeiten diese Zone bietet, desto offener und erfahrener werden Jugendliche, da sie dadurch ihren Handlungsraum stärker erweitern und vielfältigere Alternativen zu ihrer unmittelbaren Umwelt entwickeln können.

Die genannten Zonen werden im Laufe des Lebens nacheinander durchlaufen. Nachdem mit einem bestimmten Lebensalter alle Zonen angeeignet worden sind, werden diese gleichzeitig oder nach Bedarf genutzt. Aus der Analyse der Aneignung von Räumen durch jugendliche Gruppen können Informationen für einen sozialökologischen Untersuchungsansatz von Lebenszusammenhängen Jugendlicher (z.B. Orte, Treffpunkte, Interaktionen, Kommunikationen, Aufenthaltsdauer, gruppentypische Kleidungsstile etc.) gewonnen werden. Darüber hinaus ermöglicht die sozialökologische Beschreibung von Mensch - Umwelt - Beziehungen auch Erklärungen, warum bestimmte Handlungen in bestimmten Situationen zu bestimmten (möglichst prognostizierbaren) Folgen führen.

Abbildung 1: Schematische Darstellung der vier ökologischen Zonen

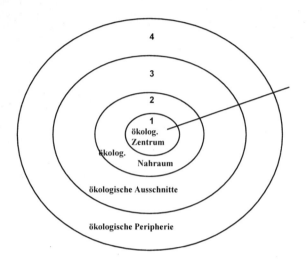

Quelle: Baake, D.:Jugend und Jugendkulturen, München 1993, S. 147;

Die Systematisierung in Zonen erlaubt, Handlungsräume eines Jugendlichen zu be-schreiben. Sie sind zunächst begrenzt, erweitern sich aber immer mehr und ändern auch ihre Qualitäten. Die Ganzheitlichkeit des Lebens, die ein Kind innerhalb der Familie noch erfährt, wird durch die Ausschnitte immer mehr in unterschiedliche Funktionen aufge-splittert.

Jugendliche müssen sich in diese Ausschnitte begeben und versuchen, sich diesen zuzu-ordnen und sie zu gewichten, letztlich, um sich selbst und ihre Umwelt zu entdecken, um sich individuell und gesellschaftlich einzuordnen. Auf der Grundlage der Systematisie-rung in "Zonen" wird es möglich, die Handlungsräume Jugendlicher zu beschreiben, wo-bei die dargestellten Abgrenzungen nicht strikt getrennt zu sehen sind, sondern auch in-einander greifen, durchlässig sind. Dabei können die Zonen auch Mehrfachfunktionen be-sitzen. Das beste Beispiel hierfür ist die Schule bzw. die Ausbildungsstätte des Jugendli-chen. Sie sind nicht nur Orte der Wissensvermittlung und Erziehung, sondern auch Stätten der Begegnung.

3. Zur Situation ostdeutscher Jugendlicher im Raumbezug

3.1. Sozialisationserfahrungen vor und nach der Wende unter Berücksichtigung des sozialökologischen Ansatzes

Die biographische Entwicklung ostdeutscher Jugendlicher wird vom Erleben zweier konträrer Gesellschaftssysteme mit den ihnen eigenen Entwicklungsbedingungen und Möglichkeiten für Heranwachsende geprägt. Ihre Kindheit verlebten sie unter „realsozialistischen" Bedingungen, die Adoleszenzphase unter denen der sozialen Marktwirtschaft. Ihre Entwicklung vollzog sich über die Aneignung der einzelnen ökologischen Phasen hinweg, die in den folgenden Ausführungen Grundlage der Betrachtung sein werden. Die Veränderungen und Aneignungsprozesse räumlicher Art charakterisieren ebenso jugendliche Entwicklungsverläufe, die sich in einzelnen Gruppierungen ganz differenziert vollziehen.

3.1.1. Leben im ökologischen Zentrum

Das ökologische Zentrum Familie erlebten die meisten jungen Menschen unter DDR - Bedingungen als Orte der Geborgenheit und Zuwendung. Das Familienleben war geprägt von gesicherten Verhältnissen in bezug auf Wohnraum, Einkommen und Erwerbsarbeit und zwar für beide, für Mutter und Vater. Die Familie besaß von staatlicher Seite her die Funktion einer "Keimzelle der Gesellschaft", sie genoß die garantierten sozialpolitischen

Maßnahmen zum Wohle von Mutter und Kind in Form eines bezahlten Mutterjahres mit Arbeitsplatzgarantie bei Wiedereinstieg in das Erwerbsleben.

Aufgrund der freien Geburtenregelung waren sie in der Regel „Wunschkinder", die meistens mit noch einem Geschwisterkind aufgewachsen sind. Somit entsprach eine vierköpfige Familie dem normalen Standard in der DDR. Alleinerziehende und kinderreiche Familien genossen besondere Unterstützung und Förderung, sie waren vielfach das Aushängeschild der Sozialpolitik.

Das ökologische Zentrum war ein geschützter Raum, der in den meisten Familien Geborgenheit und Fürsorge garantierte und der staatlicherseits als Schutzraum anerkannt und gefördert wurde. Neben den genannten Vorteilen gab es günstige Ehekredite für junge Familien, die bei Geburt eines Kindes teilweise erlassen wurden. Das System der Vollbeschäftigung der Eltern garantierte einerseits ein gesichertes Einkommen und damit ein relativ sorgenfreies Leben, beschränkte aber andererseits das gemeinsame Familienleben oft auf wenige Nachmittagsstunden und das arbeitsfreie Wochenende.

Durch die Widersprüchlichkeit zwischen institutionell - staatlicher Vorgabe und privat in der Familie vertretenen Ansichten und Auffassungen lernten Kinder und Jugendliche frühzeitig eine besondere Form der gesellschaftlichen Schizophrenie kennen. Schizophrenie meint hier die Ambivalenz der Meinungsäußerung. Es galt, einerseits im öffentlichen Leben die offizielle, gesellschaftlich akzeptierte Meinung zu vertreten und andererseits nur innerhalb der Familie bzw. im Freundeskreis die wahren Gedanken zu äußern. Denn bereits in der Schule wurde gelernt, daß jede vom offiziellen Kurs abweichende Meinung falsch war und bestenfalls Ärger einbrachte.

3.1.2. Der ökologische Nahraum

Bereits frühzeitig bestand die Möglichkeit der Unterbringung von Kleinkindern in einer Tagesbetreuung durch Kinderkrippen und - gärten in unmittelbarer Nachbarschaft. Diese Orte waren trotz zentralistischer Tagesstättenordnung mit staatlich vorgeschriebenen Erziehungszielen Orte frohen und förderlichen Kinderlebens.

Beginnend mit den Kinderkrippen sollten diese Einrichtungen „sozialistische Persönlichkeiten" entwickeln helfen, die zum Leben in der Gruppe, zu Hilfsbereitschaft und Kameradschaft erzogen wurden. Die relative Nähe zwischen Wohnort und Kinderbetreuung und die meist freundschaftlichen nachbarschaftlichen Beziehungen machten auch den ökologischen Nahraum zu einer geschützten Zone.

Die Pflege der Beziehungen im unmittelbaren Netzwerk zu Nachbarn, Freunden und Bekannten, die nicht durch materielle Interessen und Konkurrenzdenken gekennzeichnet waren, sicherten meist diesen Schutzraum ab und verhalfen zu einem hohen Bekanntheitsgrad untereinander.

Der ökologische Nahraum wurde durch (teilweise verordnete) Solidaritätserfahrungen bestimmt. Haus - oder Wohnblocksgemeinschaften förderten die Beziehungen auf persönlicher Ebene und führten ebenfalls zu einem rücksichtsvolleren Miteinander, als das heute oftmals der Fall ist.

Durch die unmittelbare Nähe von Wohnraum, Kindergarten und Schule entstanden intensive Freundschaften unter den Kindern und Jugendlichen, die durch ihren alltäglichen Kontakt gefestigt wurden.

Freiräume, in denen Jugendliche Gelegenheit hatten, zu experimentieren oder sich auszuprobieren, waren stark begrenzt. Anonymität zu wahren, war außerordentlich schwierig, da das soziale Netzwerk engmaschig war. So gestaltete sich der Versuch, die erste Zigarette zu probieren, als gefährlich, denn es mußten gute Verstecke gefunden werden, um von keinem potentiellen "Verräter" erkannt zu werden.

Die soziale Kontrolle war also im ökologischen Nahraum abgesichert und besonders stark ausgeprägt. Kinder und Jugendliche waren frühzeitig in dieses Kontrollsystem eingebunden, so daß deviantes Verhalten recht schnell registriert und entsprechend sanktioniert werden konnte.

3.1.3. Die Bedeutung der ökologischen Ausschnitte

Die Zeit vor dem Schuleintritt und die folgenden Jahre des Schulbesuchs waren für Heranwachsende auch die Zeit der schrittweisen Ablösung von den engen familiären Bindungen und damit die des allmählichen Verlassens des ökologischen Zentrums und Nahraums.

Der zeitweise Wechsel der Zonen zum Schulbesuch sowie die Rückkehr in den freizeitrelevanten Wohnbereich war für die meisten Schüler unkompliziert, weil sich Wohnung und Schule in unmittelbarer Nachbarschaft befanden.

Nach dem Unterrichtsende boten die Schulen eine Nachbetreuung im Hort an. Darüber hinaus gab es vielfältige Möglichkeiten zur Teilnahme an schulischen Klubs und Arbeitsgemeinschaften zur sinnvollen und variablen Freizeitgestaltung.

Die ökologischen Ausschnitte wurden demzufolge nur zu bestimmten Zeiten und zu spezifischen Zwecken aufgesucht und stellten an die Benutzer funktionsbestimmte Rollenanforderungen.

Die Schule oder die Ausbildungsstätte als zeitweilige Lernorte, Geschäfte zum Einkaufen, der Jugendklub oder das Pionierhaus, öffentliche Plätze als Freizeitorte sind beispielhaft zu nennen. Sie boten für Kinder und Jugendliche genügend freizeitbestimmte Möglichkeiten. Es waren meist Orte ungestörten kindlichen Treibens, die sicher und geschützt waren. Keiner mußte Angst haben, diese auch in den Abendstunden aufzusuchen.

3.1.4. Jugendliche und ökologische Peripherie

Die ökologische Peripherie war wohl zeitlich und räumlich am meisten begrenzt. Es sind Orte gelegentlicher Kontakte, zusätzlicher und ungeplanter Begegnungen. Der begehrte Urlaubsplatz an der Ostsee oder in einem FDGB - Urlauberheim, die Fahrt mit dem neuen Warteliste - Auto in eine andere Stadt oder Umgebung oder die sehr beschränkten Möglichkeiten zur Teilnahme an einem Rockkonzert sind nennenswerte Beispiele. Sie waren eher die Ausnahme als die Regel und besaßen durch ihren Seltenheitscharakter besonderen Wert. Ausflüge an die Peripherie gestalteten sich demzufolge als wirkliche Ereignisse. Die Fahrt ins befreundete sozialistische Ausland, Ferienlager und Treffen der Jugendorganisationen (Pfingst - oder Pioniertreffen) waren Privilegien einzelner und besondere Höhepunkte, von denen man eine lange Zeit zehrte. Die Vielfalt und Reichhaltigkeit solcher, am Rande von alltäglichen Handlungsräumen befindlichen Orte, war demzufolge kaum gegeben und wenn, sehr eingeschränkt.

Die Sozialisation und die Entwicklung zu einer persönlichen Identität und Individualität wurden insbesondere von den drei Zonen, ökologisches Zentrum, ökologischer Nahraum und ökologische Ausschnitte bestimmt. Die ökologische Peripherie hatte einen vergleichsweise geringen Einfluß und Anteil.

Insgesamt waren die Spielräume in den vier ökologischen Zonen zur Entfaltung von Individualität aus Selbst - und Fremderfahrungen nicht nur territorial, sondern auch zeitlich begrenzt. Das flächendeckende Kontroll - und Überwachungssystem der DDR - Staatsorgane hatte überall "Sicherheitsnadeln", Mitarbeiter der Staatssicherheit, installiert, welche mit der Partei, der Schule und anderen Einrichtungen die kollektive und sozialistische Erziehung und Bildung absicherten.

Die Elternverantwortung für die allseitige Entwicklung ihrer Kinder wurde frühzeitig durch Vorschul - und Schuleinrichtungen minimiert und auf mehrere Schultern übertragen. Desweiteren waren die sozialen Netze sehr viel enger geknüpft. Neben den erwähnten institutionellen Kontrollmechanismen funktionierte die informelle über die Familie oder Nachbarschaft wesentlich besser als das heute der Fall ist. Fazit: Es gab nur wenige, räumlich begrenzte Nischen für Andersdenkende.

Gesellschaftliche Individualisierungsprozesse konnten sich nur in geringem Maße entwickkeln. Währenddessen westdeutsche Jugendliche mit der zunehmenden Individualisierung aufwuchsen, erlebten ostdeutsche Jugendliche einen "Individualisierungs - Aufprall". In diesem Zusammenhang kann heute von einer "Individualisierungsgesellschaft" (West) und einer "Formierungsgesellschaft" (Ost) gesprochen werden (Heitmeyer in Mansel 1992, 45). Der Begriff der "Formierungsgesellschaft" beschreibt inhaltlich den frühzeitigen Eingriff staatlicher Institutionen in die Sozialisationsprozesse, der bereits im Kleinkindalter begann, mit dem Ziel einer "sozialistischen Persönlichkeitsentwicklung", der im vorangegangenen Abschnitt verdeutlicht wurde.

So hat die sogenannte Individualisierungsgesellschaft zur Entwicklung der „Ich - Stärke" und der „Wir - Schwäche" geführt, die sich bei westdeutschen Jugendlichen meist in höherem Selbstbewußtsein und selbstbezogenem Durchsetzungsvermögen manifestiert, aber einer sozialen und mitmenschlichen Schwäche. Demgegenüber resultierte aus der Formierungsgesellschaft bei Jugendlichen der neuen Bundesländer eher eine „Wir - Stärke" aber „Ich - Schwäche".

Für Heitmeyer steht fest, daß die heutigen Selbstkonzepte der Jugend Ausdruck bzw. Folge eines gesellschaftlichen Prozesses zunehmender sozialer Kälte sind: In den siebziger Jahren war noch Selbstverwirklichung das zentrale Stichwort, zehn Jahre später ging es um Selbstbehauptung, und heute steht Selbstdurchsetzung im Mittelpunkt.

"Ich habe mir meinen Weg gebahnt im Leben, wer mich stört, den schiebe ich weg. Gut ist, was mir nützt (19jährig, männlich)."

3.2. Die ökologischen Zonen im Umbruch

Mit der gesellschaftlichen Wende im Osten Deutschlands veränderten sich die sozialen Beziehungen untereinander grundlegend, aus Freunden, Nachbarn und Kollegen wurden plötzlich Konkurrenten um Ausbildungs - und Arbeitsplätze. Entsolidarisierungsprozesse und zum Teil egoistische Einstellungen lösten staatlich verordnete soziale Nähe und Gemeinschaft und Kollektivität ab. Der Mobilitäts - und Flexibilitätsdruck auf die Arbeitnehmer wurde immens verstärkt, dadurch bleibt berufstätigen Eltern heute oft nur noch wenig Zeit für ihre Kinder (Schubarth in Heinemann/Schubarth 1992, 78 - 83).

Die sinnliche und körperlich erfahrene Erlebnisqualität in den Familien und in der Gleichaltrigengruppe haben sich verändert. Bisher noch naturbelassene Areale mußten der zunehmenden Funktionalisierung ohnehin schon dicht besiedelter Wohnbereiche weichen. Ganze Häuserblöcke wurden und werden modernisiert und privatisiert. Erdgeschoßwohnungen werden zu Geschäften mit vorgelagerten Kundenparkplätzen umfunktioniert, damit der Konsum überall vorgeführt wird und möglich ist. Dadurch wandelt sich nicht zuletzt auch die Bevölkerungsstruktur: Geschäftsleute bestimmen über das Gebiet, jugendliche Erlebnisqualitäten werden immer mehr beschnitten.

3.2.1. Die Veränderung im ökologischen Zentrum

Das ökologische Zentrum Familie hat sich auf Grund der neuen Realität verändert. Das sorgenfreie Aufwachsen unter Obhut von Eltern, Nachbarn usw. endete für manche Kinder und Jugendliche recht abrupt nach der deutschen Einheit. Eltern sind oftmals von den Konsequenzen der Einheit in doppelter Hinsicht betroffen: Einerseits muß die eigene Existenz gesichert werden, andererseits wird die umfassende "Kinderversorgung" durch den Abbau von Kinderkrippen und - gärten, Hortbetreuung etc. reduziert.

Um drohender Arbeitslosigkeit zu entgehen, unterwerfen sich die Eltern den belastenden und immer schwieriger werdenden Bedingungen des Arbeitsmarktes. Pendelarbeit über die Woche, verbunden mit teilweise erheblichem zeitlichem und räumlich territorialem Aufwand, Unterbezahlung, Überstunden und Wochenendarbeit helfen zwar, das Familieneinkommen zu sichern, entziehen aber den Heranwachsenden immer mehr den elterlichen Berater. Eltern fühlen sich überfordert, neben den täglichen Anforderungen, die an sie gestellt werden, sich auch noch mit Problemlagen ihrer Kinder in Schule und Freizeitbereich auseinanderzusetzen.

Kinder und Jugendliche finden nur noch begrenzt elterliche Aufmerksamkeit. Die traditionelle tägliche Gesprächsstunde am Abendbrottisch, die so wichtig für die familiäre Nähe und Geborgenheit ist, reduziert sich allzu oft auf einen "small Talk" zwischen den gerade anwesenden Familienmitgliedern. Oft genug entfällt auch dieser, weil die Eltern die gemeinsame Sprache mit ihren Kindern "verloren" haben. Entweder sie haben sich nichts mehr zu sagen, oder sie finden keine gemeinsamen Gesprächsthemen. Wo familiale Kommunikation und gegenseitiges Verstehen versagen, treten Rückzugstendenzen in Scheinwelten, in selbst gewählte Nischen oder jugendkulturelle Bewegungen.

Eltern entziehen sich ihren Kindern als "Wegweiser und Orientierungspunkt" immer mehr und lassen sie mit der Bewältigung ihrer Probleme allein. Sie zwingen sie zur Entwicklung eigener Strategien und überfordern sie dadurch oftmals bei der notwendigen Anpassung an das neue gesellschaftliche System. Derartige Strategien können neben der Aktivierung von eigenen positiven Energien auch Selbstaufgabe, Aggression, Gewalt oder Drogenmißbrauch sein.

So verliert die Familie immer mehr den Charakter als Ort des Vertrauens, der Sicherheit und individuellen Zuwendung. Insbesondere in Elternhäusern mit längerer Arbeitslosigkeit funktioniert nur noch die Fernbedienung und der Flaschenöffner. Der Fernseher und das Videogerät üben oft genug die Funktion von Beschäftigungstherapeuten aus. An die Stelle von familiärer Kommunikation tritt zunehmend zwischenmenschliche Isolation, verbunden mit Hoffnungslosigkeit und Angst, die Familie unterhalten zu können. Familienbindungen lockern sich dadurch nicht nur, sie werden ebenso zerrissen.

Kinder und Jugendliche können nicht mehr die traditionellen Werte und Normen der Eltern übernehmen, weil diese immer weniger in der Lage sind, Leitorientierungen für das Leben in der Gesellschaft zu vermitteln. Deshalb wählen junge Menschen zunehmend den nicht - konventionellen Entwicklungsweg, sie lösen sich von konventionellen Vorstellungen ihrer Eltern und suchen eine neue Identität, die den heutigen Bedingungen besser entspricht.

Deshalb auch ist die Rückkehr in den Lebensbereich der Wohngegend und der Familie bei den meisten Heranwachsenden mit negativen Erfahrungen besetzt. Zum einen finden sie im Elternhaus kaum noch Ansprechpartner für ihre Probleme, denn ihre sind von denen der Eltern meist grundverschieden. Zum anderen ist die persönliche Situation der Eltern nicht selten vom sozialen Abstieg in den letzten Jahren gekennzeichnet. Das Miterleben der elterlichen Enttäuschung und Resignation nicht nur in der beruflichen Situation, sondern auch in der politischen Identität führt zu jugendlichen Schuldzuweisungen an die Älteren als letztlich Verantwortliche für die entstandene Lebenssituation. "Meine Alten sind Versager" (22jährig, weiblich).

Das ökologische Zentrum scheint demzufolge keine Schutzzone mehr für Vertrauen und Sicherheit zu sein. Es löst sich unter den Bedingungen der allzu unterschiedlichen Entwicklungswege der Generationen auf. Jeder, sowohl die Kinder als auch die Eltern, versucht, sich im neuen System zu etablieren und einen spezifischen Platz zu finden. Die Belastungen und Anstrengungen dabei sind teilweise so groß, daß die Familie zerbricht und die Heranwachsenden auch noch diesen Halt, den der Familie, verlieren.

3.2.2. Der ökologische Nahraum im Umbruch

Ähnliche Prozesse verlaufen auch im ökologischen Nahraum. Hier sind es die Freunde und Nachbarn, die immer weniger bereit sind, das gesamte Umfeld vorurteilslos zu akzeptieren. Freundschaft ist ein Privileg geworden, das man nur noch wenigen ausgesuchten Personen entgegenbringt, insbesondere jenen, die sich in gleichen Lebenslagen befinden. Demgegenüber sind viele Freundschaften zerbrochen, weil Arbeitslosigkeit und Konkurrenz diese gefährden. Mißtrauen, Unsicherheit und Ablehnung sind tiefe Gräben, die nur schwer überwindbar sind. Selbst die Beziehungen im Verwandten - und Bekanntenkreis sind davon nicht ausgeschlossen.

Der einst so gepflegte und bemühte Nachbarschaftskontakt ist nur noch sporadisch vorhanden. Jeder hat mit sich selbst zu tun. Das neue Auto des Nachbarn wird argwöhnisch betrachtet und an den eigenen Möglichkeiten gemessen. Die Anonymität verstärkt sich, weil die Macht des Geldes dafür sorgt, daß man sich nur noch für sich selbst, weniger für die Sorgen anderer interessiert. Insbesondere in großstädtischen Neubaugebieten greift der

Segregationsprozeß schneller um sich als erhofft. Die Mobilen und Gewinner der Einheit verlassen diese schnell etikettierten Wohngebiete und ziehen in "bessere". Die soziale Kontrolle funktioniert nur noch in der Hinsicht, ob der andere mehr hat als man selbst.

Die früher geschätzte Kindereinrichtung ist noch da, wird aber nicht mehr gebraucht oder aber wegen des finanziellen Elternanteils nicht mehr genutzt.

Ehemalige Erlebnisräume werden umfunktioniert, auf Wiesen werden Supermärkte gebaut, Felder für Parkplätze zubetoniert, aus Jugendklubs werden Büros oder Gaststätten. Die Räume für Kinder und Jugendliche zum ungestörten und freien Spiel werden immer rarer, fallen kapitalträchtigen Bauten zum Opfer. Ehemals vorhandene Erlebnisräume mußten Bauvorhaben weichen oder wurden mittels Verboten und Kontrollen zu "jugendfreien Zonen" umfunktioniert. Mit einer Boutique oder einem Restaurant ist das Geschäft größer, und Anwohner werden weniger in ihrer Ruhe gestört. Deshalb begegnen uns auch heute in ostdeutschen Städten die im Westen längst bekannten Beschilderungen: "Fußballspielen nicht erlaubt", "Kein öffentlicher Spielplatz", "Grünfläche darf als Spielfläche nicht benutzt werden", "Privatgrundstück - kein Kinderspielplatz", "Das Spielen der Kinder auf Hof, Flur und Treppen ist im Interesse aller Mieter untersagt".

Der jugendliche Bewegungsalltag ist demzufolge leider erheblich mehr durch Verbote statt Gebote geprägt. Die Wohngebiete geben kaum Chancen, die Umgebung nach eigenen Phantasien, Entwürfen und Plänen zu be - und ergreifen. Räume zur freien Entfaltung und Bewegung werden immer geringer. Das stetig wachsende Bedürfnis nach Spannung, Abenteuer,Action und Risiko krankt auch daran, daß es in der verwalteten "zerwalteten" Welt immer weniger Möglichkeiten gibt, affektive Bedürfnisse zu befriedigen. Besonders betroffen sind die „entwachsenden Kinder", die „beginnenden Jugendlichen".

"Zwischen zehn und vierzehn, da sie nicht mehr in den Hort gehören und noch nicht in das Jugendheim, zu groß sind für den Spielplatz und zu klein für den Sportverein, streifen sie durch den zerstörten Nahraum. Und weil sie keine unberührten Ecken mehr finden, konservieren sie die Apparatur, die sie umgibt, malen den grauen Beton mit bunter Kreide fort und kratzen Schrammen in den glänzenden Lack, in dem sich die Autos präsentieren. Und sie verschwinden wieder, tauchen von den glatten Oberflächen ab in die Garagenhäuser und Heizungskeller (Thiemann, 1988)."

Noch vorhandene Räume oder Freizeiteinrichtungen werden aufgrund ihrer Angebotsstruktur und Reglementierung nur selektiv angenommen. Hier treffen sich die Hip Hopper, dort die Techno - Fans, und beide scheinen unter einem Dach nicht vereinbar zu sein. Es geht also eine neue Angst um - die Angst der Polarisierung von jugendkulturellen Gruppen. "Ich habe Angst zurückzugehen. Ständig werde ich angepöbelt und bedroht. Früher hatte ich meinen Klub, der ist heute von Faschos besetzt" (21jährig, männlich).

Die eine Jugendkultur verdrängt also die andere, Räume müssen erkämpft, erhalten und schließlich abgrenzbar gegen "Eindringlinge" gemacht werden. So hindern nicht nur begrenzte Öffnungszeiten und Verbote Jugendliche daran, sich mit Gleichaltrigen zu treffen, sondern auch die Interessenvielfalt und die Spezifik der vertretenen Jugendkultur. "Die haben nur bis 21.00 Uhr geöffnet und jeden Tag nur für bestimmte Leute. Ich bin doch kein Keramiker oder Seidenmaler, ich bin Punk und stehe dazu. Außerdem ist Hundeverbot" (28jährig. männlich). Die langjährig erlebte Wohngegend als Ort für die Freizeitgestaltung in der Gruppe und als Stätte früher erlebter nachbarschaftlicher Kontakte hat sich also mit verändert. "Nur noch Konsumenten und Egoisten" (24jährig, männlich). Offenbar ist die Lobby von Kindern und Jugendlichen nicht groß genug, um die eigenen Bedürfnisse gegen finanzielle Interessen wirksam durchsetzen zu können.

Wenig ist also geblieben von der einst geliebten und vertrauten Schutzzone, dem ökologischen Nahraum, denn selbst der abendliche Spaziergang ist hier nicht mehr ohne Gefahren möglich. Auf Hilfe ist nicht oder kaum zu hoffen, das ist bekannt.

3.2.3. Der Wandel in den ökologischen Ausschnitten

Gravierende Erneuerungen fanden im Bereich des Bildungssystems statt. Fehlendes Wissen und ein mangelnder Überblick über die Veränderungen des neuen gegliederten Schul-

systems verstärkten zudem den als fremdartig erlebten Wandel. Der Wegfall der Schulnä-
he und damit verbunden weite Schulwege, die Auflösung oder Zusammenlegung von
Klassen, um westdeutsche Normen zu erfüllen, neue Lehrer und Lehrpläne sowie selekti-
ve Leistungskriterien führten zu Unsicherheiten und Orientierungslosigkeit Jugendlicher.
Der Run auf die Gymnasien zeigte sehr schnell, daß Bildung auch ein Wert ist, der mich
von anderen unterscheidet. Zurück blieben jene, die das entweder nicht erkannten oder
nicht fähig waren, die höheren Leistungsanforderungen zu erfüllen. Mit der Trennung der
Bildungswege trennten sich auch Freundschaften, und neue werden nur noch mit gleichen
geschlossen.

Eine der größten Schwierigkeiten von Schülern und Lehrern war mit der Neuorganisation
der Schule die Unsicherheit im Umgang miteinander. Schüler bekamen von Lehrern neue
Werte und Sichtweisen vermittelt, die vor der Wende genau das Entgegengesetzte vertreten mußten. Obgleich es nicht die gleichen Lehrer waren, denn es hat einen großen Ver-
setzungsprozeß gegeben, ist das Vertrauen in die Pädagogen zumindest zeitweise ins
Wanken geraten. "Und dann dieser Mensch, der früher Sozialismus predigte und uns nun
die Marktwirtschaft erklären will" (19jährig, männlich). Beide, Schüler und Lehrer, mußten eine neue Identität unter den veränderten Bedingungen entwickeln. Erschwert wurde
das jenen Lehrern, die neben ihrer politisch - ideologischen Meinung auch noch das Lehr-
fach wechseln mußten.

Die so gewohnte und sichergeglaubte schultypische Laufbahnorientierung mit einer entsprechenden beruflichen Ausbildung und anschließender Arbeitsplatzgarantie waren nun
abrupt in Frage gestellt. "Wofür habe ich die ganze Zeit gelernt?" (17jährig, weiblich). Die
Reaktionsweise vieler ist Null - Bock - Stimmung auf Schule und interessenfremde Ausbildung ohne Aussicht auf einen Arbeitsplatz. "Ich habe keine Lust mehr, jeden Tag ver-
suchsweise eine Ziegelmauer aufzubauen und anschließend wieder abzureißen. Ich bettle
nach überbetrieblicher Ausbildung um Arbeit oder gehe stempeln" (20jährig, männlich).

Die Schule hatte in der DDR neben der Wissensvermittlung auch die Funktion der Freizeitgestaltung übernommen. Die Angebote wurden von der Pionierorganisation und der FDJ unterbreitet und in der Schule durchgeführt. Dadurch war der Kontakt untereinander besonders intensiv. Heute verbringen Kinder und Jugendliche den größten Teil ihrer Freizeit in ökologischen Ausschnitten und der ökologischen Peripherie. Aber diese Zonen sind auch nicht von jedermann und jederzeit zu erobern, denn fehlendes Geld oder geringe Mobilität infolge schlechter infrastruktureller Bedingungen oder des fehlenden Privatfahrzeuges führen zu unterschiedlichen Wahrnehmungsmöglichkeiten. Auch diesbezüglich finden also Selektions - und Ausgrenzungsprozesse statt. Während die Freizeitangebote früher generell für alle möglich waren, sind es heute außerhalb liegende Faktoren, die zur individuellen Ausgrenzung beitragen.

3.2.4. Die selektive Wahrnehmung der ökologischen Peripherie

Durch die gestiegenen Reisemöglichkeiten und die erhöhte Mobilität haben Jugendliche die Chance, periphere Angebote häufiger wahrzunehmen. So mischen sich verschiedene jugendkulturelle Strömungen in ursprungsfremde Areale ein, besetzen dort ein Haus und eignen sich dort einen öffentlichen Platz an. Die Mobilität verhilft zu weiteren Möglichkeiten: Gleich in welcher Stadt man wohnt und welche Kultur vertreten wird, am Wochende trifft man sich und mischt sich ein. Grenzen setzen heute nicht mehr der Staat, sondern das Portemonnaie und die Mittel der Fortbewegung.

So ist in vielen Städten der öffentliche Nahverkehr und deren Fahrdauer für Jugendliche unakzeptabel. Zwischen 1.00 Uhr und 4.30 Uhr, der jugendlichen Hauptnutzungszeit, ist er faktisch nicht existent oder zumindest stark minimiert. Dadurch werden Jugendliche gezwungen, mit erheblich zeitlichem und finanziellem Aufwand Veranstaltungen aufzusuchen.

Selbstgewählte Treffs im Stadtgebiet oder außerhalb davon als Konsequenz der Verdrängung aus dem langjährigen Lebensraum, der Wohngegend, verhelfen zwar zur Erschließung der ökologischen Peripherie, schaffen aber neue Konfliktsituationen mit der

Bevölkerung.

In der neuen Rolle als privater Eigentümer und Einzelhändler oder als kostenbelasteter Mieter setzt man nun mit Ver - und Geboten ihre Vorstellungen von Ruhe, Ordnung, Sauberkeit und Sicherheit gegenüber Störenden durch. Sie unterstützt selbstredend die Wegrationalisierung von Kinderspielplätzen und jugendlichen Treffpunkten und setzt sich für den nächsten Parkplatz oder die Geschäftsstraße in der Erdgeschoßzone ein. Ebenfalls im Interesse von Bürgern und selbstverständlich der öffentlichen Ordnung und Sicherheit erhalten Jugendliche Platz - und Hausverbote.

Polizeiliche ordnungssichernde Maßnahmen erzeugen den sogenannten „Staubwirbeleffekt" - heute vom Bahnhofsvorplatz verjagt - im Park wieder gesetzt - von dort weggescheucht, so daß alles von vorn wieder beginnen muß. Dieser Effekt ist nicht nur innerstädtisch, sondern auch zwischen Städten und Gemeinden beobachtbar. Manche der so Gejagten finden eine zeitweilige Bleibe in Wohnungen von Kumpels, welche bald überstrapaziert werden und wieder unter Beobachtung und Kontrolle geraten bis zur nächsten ordnungssichernden Maßnahme. Bemühungen um jugendrelevante Treffpunkte oder gar eigenen Wohnraum werden als frustrierende Mißerfolgserlebnisse beschrieben. "Die von der Gebäudewirtschaft war froh, daß sie mich schnell wieder los war. Irgendwie hatte ich das Gefühl, sie ekelt sich vor mir und hört nicht richtig zu" (23jährig, weiblich).

So wird die ökologische Peripherie zwar erschlossen und angeeignet, sie ist aber nur bedingt und höchstens zeitweilig jugendlicher Aufenthalts - und Nutzungsraum. Einerseits gewährt sie erweiterte Handlungsmöglichkeiten, indem vielfältige Angebote genutzt werden können, andererseits zeitigt sie Beschränkungen.

Finanzielle Engpässe, besetzte und damit sich ausschließende Räume, Mobilitätshindernisse sind nur einige, die genannt werden müssen. Für längst nicht alle Jugendlichen besteht dadurch die Möglichkeit des kurzzeitigen Verlassens ökologischer Ausschnitte, um Freunde zu besuchen oder ein Konzert zu erleben. Vielfältige, bereits genannte Engpässe beschränken Teilnahmemöglichkeiten auf territorial annehmbare Angebote. Individuelles

Geschick beim Überwinden kommerzieller Schranken, beispielsweise durch Vorbeimogeln am Einlaßpersonal, entscheidet über die Teilnahme am Szene - Konzert oder einer Rolle als "Zaungast".

Die ökologische Peripherie ist, wie jede der anderen drei genannten Zonen, unsicher und unstetig geworden. Sie gewährt nur unter bestimmten Bedingungen und Voraussetzungen Aufenthalts - jedoch kaum Schutzraum. Fast alle Lebensräume haben sich verändert, und sie verändern sich fortwährend.

Geblieben ist die unabdingbare Notwendigkeit, sich die neuen sozialen Räume zu erschließen, sie anderen Gruppen gegenüber zu erkämpfen und für die eigene Entwicklung nutzbar zu machen. Das geschieht nicht automatisch oder im Selbstlauf, sondern muß mittels verschiedener Wege erkämpft werden. Dabei sind Verdrängungsprozesse, nicht immer gewaltfrei, möglich und kalkulierbar.

Entstanden ist seit der Wiedervereinigung Deutschlands eine zunehmende soziale Polarisierung zwischen den Menschen. Während für die einen die Öffnung des sozialen Raums mit Aufstiegsmöglichkeiten im Beruf, Einkommen und Sozialprestige verbunden ist und eine Herauslösung aus dem traditionellen Milieu ermöglichte, schließen sich für andere nutzbare und gewonnene Sozialräume. Ihre Lebenssituation ist in den letzten Jahren von sozialem Abstieg, Prestigeverlust, Arbeitslosigkeit und Armut bestimmt.

Für einige Heranwachsende im Lebensabschnitt der körperlichen Reife, aber ökonomischen Abhängigkeit von den Eltern, bedeutet diese zunehmende "Privilegienschere" uneingeschränkte Entfaltungs - und Konsummöglichkeiten auf der Basis des elterlichen Vermögens. Individuelle Probleme und Risiken bei der Bewältigung des Wechsels der Gesellschaftssysteme finden dank der finanzkräftigen und beziehungsreichen Eltern oft eine Lösung. Für andere dagegen ist die Realisierung der neu gewonnenen Freiheiten mit Brüchen in den wichtigen Sozialisationsinstanzen Familie, Nachbarschaft und Schule verbunden. An die Stelle eines ehemals gesicherten Aufwachsens unter Obhut der Erwachsenen tritt nun der Funktionsverlust wichtiger Partner und Vertrauter bei persönlichen

Schwierigkeiten in Schule, Ausbildung, Beruf und Freizeit.

Die zunehmend als belastend und eng empfundene Lebenssituation in einer zersplitterten Familie, Nachbarschaft und Wohngegend mit immer weniger Raum für Erlebnisqualitäten bestärken diese Jugendlichen in ihrem Entschluß, die bisherigen Lebens - und Erfahrungs-zonen zu verlassen.

Über Kontakte zu Gleichaltrigen, welche bereits aus ähnlichen Lebenssituationen heraus ihre Ablösung und Abgrenzung gegenüber der als fremd und beziehungsarm erlebten Er-wachsenenwelt vollzogen haben, suchen sie die Möglichkeit einer neuen Erlebniswelt, die der jugendkulturellen Gruppierung.

In der Gruppe finden sich Austausch - und Gesprächspartner für individuelle Probleme, entgegen zunehmender erwachsener Individualisierungstendenzen. Hier ist der Ort, den man im Zuge der gesellschaftlichen Veränderungsprozesse verloren glaubte, wo gegen-seitiges Verstehen und kollektive Entscheidungen noch möglich sind und gelebt werden.

Das ist der Ort, wo die symbolische Besetzung und Markierung von neuen, eigenständig gewählten Handlungsräumen möglich wird. Da sind aber ebenso Frust, Enttäuschung und Ohnmacht über erfolgloses Bemühen um Änderung der gegenwärtigen Lebenssituation und fehlender Toleranz und Akzeptanz der Erwachsenen gegenüber einer selbstbestimm-ten jugendkulturellen Lebensart mit eigenem Stil und eigenen Wert - und Normvorstel-lungen.

3.3. Soziale Räume und deren Aneignung durch Jugendliche

Jugendliche verbringen ihren Alltag an den von ihnen frei und eigenständig gewählten und angeeigneten öffentlichen Orten. Durch ihr Äußeres und ihr Verhalten erregen sie oftmals Aufmerksamkeit und rufen u.U. Ängste, Ablehnung und Unverständnis hervor. Jugendliche haben keine spezifischen, für sie bereitgehaltenen Räume, jedenfalls in der Regel nicht. Es ist ja gerade ein Kennzeichen, daß sie mit den gesellschaftlich gestalteten

Zonen (und für sie vielleicht sogar gedachten) nicht deckungsgleich sind, sondern daß sie vielmehr Absetzbewegungen darstellen, die sich nicht nur auf ihr Äußeres, ihren Stil beziehen, sondern auch auf deren räumliche Verortungen. Deshalb haben sich verschiedene Möglicheiten, eigene Räume für die gesuchte Erlebnisqualität zu erobern, herauskristallisiert:

1.   Eingliederung in verschiedene Zonen - Angebote. Ein Beispiel ist die jugendliche Selbstinszenierung in der Provinz, eine Freizeitbühne, die sich Jugendliche in der provinziellen Enge auf dem Lande suchen. Was Außenstehende dabei als typische Unentschlossenheit wahrnehmen - die wissen nichts mit sich anzufangen - ist in Wirklichkeit eine Phase intensiven Aushandelns, wer mit wem zu welchem Ziel losziehen kann.

2.   Eine andere Möglichkeit ist die Aneignung von Räumen, die ausschließlich für bestimmte jugendkulturelle Stile zur Verfügung stehen, z.B. Jugend - Kneipen oder Jugend - Cafés. Eine stärker mit Auseinandersetzungen belastete Form stellt in diesem Zusammenhang die Hausbesetzung dar. Jugendliche können und müssen jedoch selber entscheiden, ob sie Räume, Einrichtungen brauchen oder nicht. Allerdings, und das stellt ein Problem dar, hat sich jede Einrichtung ihr eigenes Klientel gesucht, welches sie besonders „bedient", aber damit grenzt man immer auch andere aus: Hier die Skins, dort die Ökos usw. Wo Hooligans sind, kommen keine anderen mehr hin. Also müssen wieder neue Räume, neue Angebote geschaffen werden.

3.   Sodann gibt es eine Teil - Aneignung von Räumen auf Zeit. Bestes Beispiel hierfür sind die Raver, die mal die Westfalenhalle in Dortmund besetzen, dann wieder den Ku - Damm in Berlin. Es sind Tanzveranstaltungen, die möglichst viele Jugendliche auf die Tanzfläche bringen, von den Hooligans bis zu den New Age Hippie. Hier wird eine breite Spanne an Jugendkulturen unter dem Zeichen von "Love & Peace" zur großen Gemeinschaft vereint. Für eine begrenzte Zeit erobern sie sich Räume, die im zivilen Alltag gewöhnlich in anderer Weise genutzt werden.

4. Desweiteren findet sich die Umdefinition von Räumen. Wenn beispielsweise auf einem Hauptbahnhof Punk - Gruppen zum Biertrinken und geselligem Austausch an den Rolltreppen lagern, die in die Bahnhofshalle führen. Sie akzeptieren durch ihr Verhalten nicht die eigentliche funktionale Bestimmung, sondern machen aus dem Raum einen Ort der Zeitverschwendung, des Konsums und der Kommunikation. Dabei ist ein Sitzen an den Rolltreppen in keiner Weise gemütlich - aber gerade darum sitzen sie hier. Ihr In - Besitz - Nehmen dieser Verkehrszone stellt eine Provokation dar, einen Protest, und so entsteht eine Szene, oder es wird ein geselliges Treffen zu einer Gruppe gemacht.

5. Schließlich gibt es die völlige Besetzung von territorialen Sektoren, beispielsweise von Wohngebieten durch jugendliche Gangs. Mit Hilfe von Graffiti, Zäunen, Gittern etc. werden ganze Areale als die eigenen einer Gruppe definiert, in denen Gesetze, Werte und Normen der Gesellschaft nicht oder nur eingeschränkt gelten.

Jugendkulturen und Gangs mischen sich in ursprungsfremde Areale, vor allem dann, wenn wie in Berlin, Leipzig oder anderen Städten, ein subtiles Netz von Straßen, Hinterhöfen und Hintergebäuden eine Fülle von Schlupfwinkeln zur Verfügung steht. Begünstigt wird dieser Prozeß durch ein verändertes Freizeitverhalten von Jugendlichen, welches sich u.a. in rückläufigen Besucherzahlen der traditionellen Jugendfreizeiteinrichtungen niederschlägt sowie in einer deutlichen Zunahme sogenannter informeller Treffs im Innenstadtbereich.

Der Lebensraum von Kids und Jugendlichen wird deshalb immer mehr zum freien und offenen Raum. Diese sogenannten "Street - Kids" fliehen vor Gewalt, sexuellem Mißbrauch oder ganz einfach vor Einsam - und Lieblosigkeit. Es sind jene, die durch das bürgerliche Raster fallen, die irgendwann mal nichts mehr haben: Keine Familie, keine Wohnung, keine Arbeit, die aber immer auf der Suche sind nach Wärme, Geborgenheit und Verständnis. Aus zeitweisem, sporadischem Verlassen des Elternhauses (Trebe) wird eine andauernde Flucht, die oftmals im Straßenleben für immer endet.

So werden die Gruppen, in denen sie sich treffen, zum Familienersatz, allerdings trügerisch oft, denn sie sind nicht mehr als Zweckgemeinschaften, die bei dem geringsten äußeren Druck auseinanderfallen. Aber heimatlose Kinder kommen selten in ein Jugendhaus oder in eine öffentliche Einrichtung. Eine Wiederbeheimatung im sozialen Umfeld, in der Familie oder um nur einfach einen Vertrauensaufbau und Verbindlichkeit zu schaffen, gestaltet sich deshalb so schwierig.

Kids und Jugendliche, die sich zu bestimmten Gruppen zugehörig fühlen und in ihnen ihre vorübergehende, befristete oder auch dauerhafte Heimstatt gefunden haben, sind durch ihre Umwelt spezifisch geprägt, ebenso wie andere ihres Alters. Außenstehende allerdings, die mit solchen Gruppen im Alltag konfrontiert werden, wissen wenig über deren biographische Hintergründe oder reflektieren darüber kaum. Für sie ist deren Kleiderordnung, das Outfit, die Sprache und nicht zuletzt das Verhalten allein provozierend genug, so daß diese Jugendlichen nicht nur auffällig, sondern oft schon bedrohlich wirken. Außenstehende wissen jedoch nichts über:

> die biographische Entwicklung, insbesondere der letzten Wiedervereinigungsjahre,

> die Enttäuschung und Ohnmacht durch vergebliches Bemühen um eine Ausbildungs - bzw. Arbeitsstelle,

> die Wohnraumnot besonders für junge Menschen,

> abgebrochene oder zerrüttete Familienbeziehungen, Unverständnis der Eltern für ihre Kinder,

> Mißerfolgserlebnisse in verschiedenen Lebensbereichen,

> fehlende Raumangebote zur selbstbestimmten Freizeitgestaltung,

> Marginalisierung, Stigmatisierung oder Ausgrenzung aus "vorprogrammierten" Jugendklubs,

> ständige Vertreibung aus selbstgewählten, öffentlichen Treffpunkten und Räumen.

Aus diesen und anderen Dispositionen heraus lassen sich jugendliche Verhaltensweisen erschließen und letztlich erklären. Hieraus kann auch das jugendkulturelle Verhalten im Raum, d.h. die spezifische Raumaneignung von Jugendgruppen abgeleitet werden. Das ist nicht nur vom Angebot an vorhandenen Räumen und jugendkulturellen Strömungen abhängig, sondern ebenso von biographischen und anderen Merkmalsausprägungen.

Bevor Wege jugendlicher Raumaneignung nachgezeichnet werden, sollen Jugendkulturen detailliert analysiert werden, denn nur so können spezifische räumliche Aneignungs - und Verdrängungsprozesse nachgewiesen werden.

4. Jugendkulturen im sozialökologischen Raumbezug

4.1. Jugendkulturen - Begriff, Spezifika, Entwicklung

4.1.1. Jugendkulturen als Gruppenidentitäten kontra Individualisierung

Die Jugend an sich gibt es nicht, sie hat sich in nicht überschaubare Parzellen aufgelöst: in Cliquen, Gangs, Crews, Szenen und Kulturen. So hat es in den letzten Jahren eine dynamische Entwicklung gegeben, die mit verschiedenen Abspaltungen, Strömungen und Einflüssen in den einzelnen Jugendkulturen verbunden war und letztlich zu einer Durchmischung und einer äußerst facettenreichen Anzahl von Subtypen und Untergruppen geführt hat.

Jugendkulturen sind freizeitbezogene Gruppierungen von Jugendlichen als soziale Treffs unter Gleichaltrigen, die durch Mode, Musik und Kleidung verstärkt, eigene Lebensauffassungen verwirklichen und sich so von der Gesellschaft abgrenzen wollen.

Derzeit gibt es über 400 verschiedene Jugendkulturen. Die Jugend ist nie so zersplittert gewesen wie gegenwärtig. Der Zerfall der jungen Generation in Gruppen, Szenen oder Cliquen wird in Fachkreisen Tribalisierung (Tribalismus <engl.> - Stammesbewußtsein) genannt und vollzieht sich in derzeit nicht absehbaren Grenzen. Es ist alles erlaubt, was Spaß macht und wofür sich Anhänger bzw. Sympathisanten finden.

Baacke spricht in diesem Zusammenhang von "Ablösung" und meint damit, daß "...die zunächst an bestimmte historische Zeitläufe, Territorien und soziale Herkünfte gebundenen Jugendstile alle von ihrem Ursprung "abheben" und so zur Szene werden..." (Baacke 1993, 90). Gemeinsamkeiten dieser verschiedenen Gruppen sind oft nur noch im äußeren Erscheinungsbild und in einigen Accessoires zu finden. Das aber stellt ein Problem dar, denn um sich von anderen wirklich abgrenzen zu können, bedarf es spezifischer Ausdrucksmittel.

Was Jugendliche konkret wollen, kann deshalb oft nur noch an einzelnen Personen ausgemacht werden, da sich nicht nur die Szenen komplex ausdifferenziert haben, sondern auch durchlässiger geworden sind. In bezug auf Mode und Musik hat sich ein Pluralismus herausgebildet, der grobe Einteilungen kaum zuläßt. So gibt es eine Vielzahl von Stilen und Outfits und die Möglichkeit des Wechsels zwischen Gruppierungen, die aber gleichzeitig kaum mehr eine Provokation darstellen.

Die Ausdifferenzierung von Gruppen und Szenen ist eng damit verbunden, daß immer mehr Jugendliche die Freizeit in der Gleichaltrigengruppe verbringen und diese als entscheidenden Impulsgeber für ihre Lebensgestaltung begreifen, wo sie menschliche Nähe, Geborgenheit und die Möglichkeit zur Kommunikation erfahren. Hier bieten sich Gelegenheit und Zeit, das soziale und materielle Rohmaterial ihrer Existenz zu bearbeiten. Junge Leute von heute tun dies höchst variabel und einfallsreich.

In diesen Gruppen können sie nicht nur sie selbst sein, sondern sie können durch ihre eigenen kulturellen Ausdrucksmittel auf ihre Probleme mit der Erwachsenenwelt aufmerksam machen. Sie realisieren das nicht allein, wie es infolge des Individualisierungsprozesses anzunehmen wäre, sondern im Gruppenverband unter Gleichaltrigen. Offenbar widersetzen sich Jugendliche der Individualisierung oder wählen als Pendant bewußt die Gruppenidentität. Sie ist sicher auch Ausdruck des größeren Geborgenheits - und Selbstsicherheitsgefühls in einer Clique, die zwar Heimstatt für individuell erlebte, aber gruppenspezifisch verarbeitete Identitäten ist.

4.1.2. Bestimmung des Begriffs Jugendkulturen

Unter Jugendkulturen verstehen wir relativ geschlossene kulturelle Systeme, Teilsysteme der jugendlichen Population, die innerhalb des Gesamtsystems unserer nationalen Kultur eine Welt für sich darstellen. Solche Subkulturen entwickeln strukturelle und funktionale Eigenheiten, die ihre Mitglieder in einem gewissen Grade von der übrigen Gesellschaft unterscheiden (Bell, a.a.O.).

Bell und andere verwenden den Begriff Jugendkultur synonym mit dem der Subkultur. Hier sollte nicht nur aus rein formalen oder methodischen Aspekten, sondern auch aus fachwissenschaftlichen unterschieden werden.

Der Begriff Subkultur ist in der wissenschaftlichen Literatur noch immer nicht exakt bestimmt. Zum einen bedeutet er eine "gesellschaftliche Teilkultur", die sowohl "Teil der offiziellen Kultur" als auch bewußte Abkehr von ihr ist (Schäfer 1992, 138). Zum anderen wird im Begriff Subkultur eine Teilkultur dargestellt, die sich am Rande der Gesellschaft angliedert, wie es besonders im kriminalsoziologischen Konzept sichtbar wird. Subkulturen bezüglich des zweiten Erklärungsversuches suggerieren folgendes:

➤ der Subkulturbegriff verliert an analytischem Aussagewert, weil er nicht an frühere Bestandsaufnahmen und ältere Traditionen anschließen kann;

➤ der Begriff verweist auf eine Oben - Unten - Konstellation, also kulturelle Sphären, die unterhalb der allgemein akzeptierten Kultur angesiedelt sind;

➤ er assoziiert eine Differenz zwischen sogenannten "authentischen" Subkulturen von unten und der sogenannten kulturindustriell und massenmedial vermittelten "Modesubkultur" von oben;

➤ die Jugendsubkulturtheorie vermittelt den Eindruck, daß die einzelnen Subkulturen präzise lokalisierbar sind (z.B. in ein bestimmtes Milieu oder einer sozialen Schicht);

➤ es trifft nicht auf jede Subkultur zu, daß sie selbständig versuchen, alternative Netzwerke aufzubauen; sie verändern also nicht generell die Gesellschaft, aber Jugendliche können sich in ihnen verändern (Ferchhoff/Baacke, in Krüger 1993, 403 - 434);

Insgesamt wird der Begriff Subkultur also stigmatisierend bzw. etikettierend verwandt und suggeriert immer etwas von der Gesellschaft Unerwünschtes, fast Abstößiges.

Dagegen meint der Begriff Jugendkultur im Hinblick auf den allgemeinen Kulturbegriff, daß hier spezifische Inhalte und Formen der materiellen, vor allem aber der geistigen Kultur ausgebildet werden: als Ausdruck von Eigenständigkeit, einem eigenen Lebensgefühl und eigenen Werthaltungen (Schäfer 1992, S.137).

Und dennoch ist auch der Begriff der Jugendkulturen problembelastet und nicht in jedem Zusammenhang verwendbar. Er unterstellt, daß es ganz bestimmte Gemeinsamkeiten, ebenso Unterschiede in den einzelnen jugendlichen Kulturen gibt. Aber es existiert nicht mehr die Jugendkultur, die ausschließlich nur rechts oder links, liberal, grün oder demokratisch ist, weil eine Vielzahl von individuellen, veränderbaren Motivationen in den verschiedenen Szenen relevant sind.

Trotzdem ist der Begriff noch am ehesten geeignet, Jugendliche in ihrer freizeitbezogenen Gruppenzugehörigkeit zu charakterisieren. Denn es handelt sich um eine "Kultur" von Jugendlichen, verstanden als Art und Weise, wie die sozialen Beziehungen einer Gruppe strukturiert und geformt sind. Kultur meint aber ebenso die Art, wie diese Formen erfahren, verstanden und interpretiert werden (Clarke 1979, 40). Damit sind Jugendkulturen eng verbunden mit der Schaffung von Stilen und Moden als der Entnahme von Objekten aus der Alltagswelt und Wiederverwendung in einem neuen, jugendkulturellen Bedeutungszusammenhang. Mit diesen Stilen sichern sich jugendkulturelle Gruppen ihre soziale Zusammengehörigkeit und Abgehobenheit und grenzen sich gegenüber anderen (Stilen oder Gruppen) ab.

Kultur ist in diesem Kontext auch die Spur einer neuen Überlieferung, die in jugendkulturellen Neu - Orientierungen aufgehen, neu hinsichtlich des Stils, der Kleidung, Körpersprache und Konzepten von Individualität. Kultur ist zudem "geistige Welt", wie man vor sich und anderen dasteht, seine Individualität spezifisch und unverwechselbar ausdrückt.

Die Verwendung des Plurals "Jugendkulturen" verdeutlicht, daß es nicht um eine etwa spezifische Kultur geht, die Jugendliche kreieren, sondern um ein breites Spektrum jeweils generationsspezifisch angeeigneter, entwickelter und ausgeprägter Stile, Verständigungsmuster, Orientierungen zur unverwechselbaren eigenen personellen Entfaltung.

Jugendkulturen funktionieren somit als Möglichkeiten zur Erfahrungsproduktion in zersplitterten Lebens - und verwalteten Jugendräumen. Sie realisieren das, indem sie Traditionsbestände und Konventionen für alle "auf Probe" entwerten und im Lichte neuer Wertemuster reformieren. Was dabei herauskommt, ist eine eigenständige, jugendkulturelle Umsetzung von Stilen und Moden, die dem erstaunten und teilweise verunsicherten Erwachsenen als eigene Weltdeutungen und Lebensalternativen vorgestellt werden.

Je nach Bildungsgrad, sozialem Status der Herkunftsfamilie, Milieu sowie ethnischer Zugehörigkeit kommt jugendkulturelles Handeln in Formen des Protests bzw. als Ausdruck eines bestimmten Lebensgefühls von Schnelligkeit, Plötzlichkeit und Intensität zur öffentlichen Präsentation.

Das Meinungsbarometer innerhalb der diskutierenden Pädagogen, Psychologen, Eltern und Politiker reicht von Empörung und Unverständnis bis Wohlwollen. Es widerspiegelt die unterschiedliche Legitimation der Jugendkulturen aus dem gesamtgesellschaftlichen Zusammenhang heraus für den jeweiligen Betrachter.

Jugendkulturen werden je nach Standpunkt angesehen als:

➢ besondere Form abweichenden Verhaltens,

➢ Widerstands - und Absetzbewegung, jugendliche Selbstausbürgerung,

➢ freizeitkulturelle Gruppierungen,

➢ Katalysator gesamtgesellschaftlicher Probleme,

➢ problemlösendes Angebot an Stellen, da die gesellschaftlichen Vorkehrungen und Einrichtungen (Schule, Familie etc.) nicht mehr einen hinreichenden Orientierungsbeitrag
leisten können.

4.1.3. Jugendkulturen - Mitgliedschaft auf Zeit ?

Die heutigen Jugendkulturen sind in der Regel freizeitbezogen und stellen Absetzbewe-
gungen auf der kulturellen Ebene dar, d.h. nicht die Basis ihrer Existenz, sondern nur be-
stimmte, als vorübergehend angesehene Verhaltensweisen sind von jugendkulturellen
Ausprägungen betroffen. Jugendliche bleiben meist wirtschaftlich, aber auch hinsichtlich
Schule und Ausbildung in die Gesellschaft eingegliedert, sie schaffen sich jedoch im
Rahmen ihrer Freizeit eigene Symbole und schließen in Peer - Groups Freundschaften.
Das schließt nicht aus, daß es einige wenige kulturelle Szenen gibt, die fast keine ökonomische Basis ihrer Existenz haben, weil sie nicht mehr im elterlichen Haushalt wohnen
und versorgt werden oder sie jede Arbeitstätigkeit ablehnen. "Wir arbeiten nicht, um Steu-
ern zu bezahlen" (Punk, männlich, 23 Jahre). Sie beharren auf Autonomie und wählen in
diesem Bestreben gerade nicht die Bezugspunkte Schule oder Familie, insofern kann von
außerschulischen, außerfamiliären und freizeitbezogenen Kulturen gesprochen werden.

Jugendkulturen verhöhnen überkommene Sozialisationsinstanzen und ersetzen sie durch
gestylte Simulationen. Für diese zweckdienlich entworfenen Konstruktionen kann man
sich entscheiden - man hat die Freiheit der Wahl und findet sich wieder unter Gleichgesinnten. Das macht nicht nur Spaß, sondern auch Sinn. Nach der Rebellion gegen Familie,
Schule, Gesellschaft und überhaupt alles steht die Errichtung einer "Gegenregierung".

Absetzbewegungen sind es insofern, als sich Mitglieder dieser Gruppen bewußt von der
"normalen" Werte - und Lebenswelt absetzen. Aber diese These allein reicht nicht zur Beschreibung und zum Verständnis von Jugendkulturen aus. Zum einen grenzen sich ihre
Mitglieder nicht nur selbst durch ihre Zugangsrituale, Accessoires oder durch ihr Verhal-

ten aus und ab, sondern werden vielmehr von der Umwelt ausgegrenzt.

Die meisten Jugendkulturen besitzen keine Vollzeitidentitäten, es sind reine Freizeitkulturen. "Sie begehren gegen eine Spießerwelt auf, der sie fünf Tage in der Woche gerne angehören" (Farin/Seidel - Pielen 1993, 17). Die Abend - und Freizeitstunden und das Wochenende gehören dann den von ihnen gewählten Kulturen.

Hier finden sie, fernab der stressigen Schul - oder Arbeitswelt, ihre Verwirklichung und spezifische Freizeitidentität. Dennoch sind Jugendkulturen nicht mehr nur an eine bestimmte Lebensphase, die Jugend, gebunden. Sie umfaßt meist eine erweiterte Zeitspanne, die sich bis in das Erwachsensein ausstrecken kann. Sie wollen/sollen den schwierigen Weg des Erwachsenwerdens erleichtern, eigene Werte und damit eine gesellschaftliche Identität erarbeiten helfen.

Jugendkulturen beruhen auf Freiwilligkeit. Jugendliche können sich "ihre" Jugendkultur suchen, mit der sie sich identifizieren, der sie, wenn auch nur vorübergehend, angehören wollen. Sie entscheiden, wie intensiv sie sich auf die Gruppe einlassen, inwieweit sie Einfluß nehmen, und vor allem entscheiden Jugendliche über die persönliche Verweildauer in den jugendlichen Kulturen.

Das ist natürlich ein Vorteil gegenüber Vereinen und Parteien. Jugendliche sind nicht verpflichtet, zu einem bestimmten Termin an einem bestimmten Ort sein zu müssen, sondern entscheiden aus der aktuellen Stimmung heraus, was sie tun und ob sie Lust haben, überhaupt irgend etwas zu tun.

Prinzipiell sind alle Spielarten möglich: Ein und derselbe Jugendliche kann alle Szenen durchlaufen, sozusagen der Reihe nach, er kann aber auch, zumindest teilweise, an mehreren Szenen gleichzeitig partizipieren. Und schließlich: Er kann sich keiner dieser Szenen zugehörig fühlen, weil Elternhaus, Schule und organisierte Freizeit in Jugendgruppen ihm mindestens ebenso wichtig sind wie die Gesellung in jugendkulturellen Szenen und Cliquen.

4.1.4. Jugendkulturen - Jungenkulturen

Jugendkulturen sind in erster Linie Jungenkulturen. Gründe dafür sind u.a.: Jungen haben wesentlich weniger Verpflichtungen in der Familie als Mädchen. Letztere stehen unter größerer sozialer Kontrolle ihrer Familien, die wiederum um ihren Ruf bangen. Mädchen werden nicht zu diesen Gruppen gelassen, weil die Eltern um ihr Ansehen und den guten Ruf ihrer Tochter fürchten, vor allem aber den der Familie schützen wollen (Böhnisch/ Funk 1989, 261 - 265).

Außerdem sind Jugendkulturen vor allem auf der Straße beheimatet. Gerade dieses Leben erfordert von jedem einzelnen ein gewisses Maß an Härte und Selbstbehauptung, was in der Regel Jungen stärker anerzogen wird. Deren Freizeit - und Geselligkeitsverhalten findet in der Regel auf öffentlichen Plätzen und Orten statt, wobei sie sich die dazu erforderlichen Räume selbstbewußt erobern, oftmals ohne Rücksicht auf kommunalpolitische Erwägungen oder Empfehlungen.

Das männliche Raumverhalten ist demnach viel mehr extrovertiert ausgerichtet. Während Mädchen sich stärker auf Innenräume orientieren, sind Jungen außerhalb dieser zu finden. Ihre Nischen sind meist keine Zimmer. Sie weilen in Treppenhäusern, in Hinterhöfen, Eingangsbereichen, nicht bewohnten Häusern und dgl. mehr. Ihre Nischen finden Mädchen in der eigenen „Bude", im Cafe', bei Freunden, mehr in geschlossenen Räumen.

So sind Jugendkulturen in der Regel nicht nur durch männliche Jugendliche dominiert, sondern häufig auch Ort längst überholten Machogehabes. Mädchenpartizipation und Gleichberechtigung der Geschlechter haben offensichtlich vor vielen Jugendkulturen haltgemacht. „Unsere aufsuchende Sozialarbeit ist eine suchende geworden. Die Mädchen hauen ab. Viele gehen in die Außenbezirke" (Sozialarbeiterin, 25jährig).

Wenn überhaupt Mädchen in Jugendkulturen zu finden sind, spielen sie eine ganz bestimmte Rolle, in den meisten Szenen, insbesondere bei rechts orientierten Gruppen, sind sie Anhängsel der Jungen.

Das Bedürfnis, einen starken Beschützer an ihrer Seite zu haben, treibt sie in die Arme der Jungen, die in der Regel von einem demonstrativen Männlichkeitsgebaren und einem extrem machohaften Auftreten geprägt sind. Während Mädchen von Jungen der eigenen Clique nur geringe Achtung erfahren, wird ihnen im gemeinsamen öffentlichen Auftreten gesellschaftlich Beachtung und Respekt zuteil (Lutzebaeck/Schaar/Storm, 1995, 112).

Immer wieder wird beobachtet, daß sich Mädchen in Jugendkulturen der männlichen Dominanz unterwerfen und sich funktionalisieren lassen. Das in der weiblichen Sozialisation angelegte und abverlangte Macht - und Aggressionsverbot führt dazu, daß sie öffentlich eigene, nicht ausgelebte Machtbedürfnisse auf Jungen projizieren. Sie lassen sozusagen kämpfen, siegen, durchgreifen, behaupten. So agieren sie ganz im Sinne traditioneller Geschlechtsrollenerwartung. Selbstentwertung der Frau, Unterstützung und Aufwertung des Mannes und seiner Taten. Des Mädchens Lohn: Teilhabe an der Macht, Aufwertung des Dazugehörens (Holzkamp, 1994, 11).

Die genannten Mädchen sind aber nicht mehrheitsfähig. Die meisten ziehen sich doch zurück, beteiligen sich nicht an jugendkulturellen Erfahrungen, sondern agieren mit wenigen Freundinnen und bleiben eher im Schutze der Familie und Freunde verborgen.

Aus diesen Erfahrungen heraus ist es wichtig, auch die stilleren Lebensformen des Straßenmilieus (z.B. Ängste, Depressionen, Selbstmordversuche, sexueller Mißbrauch, Eßstörungen) wahrzunehmen. Es darf nicht vorrangig darum gehen, die Aufmerksamkeit auf die lautstark randalierenden Gruppen zu lenken, die in der Regel männlich dominiert sind.

4.1.5. Jugendkulturen und Medien

Die Entstehungsgeschichten und die Entwicklung von Jugendströmungen zu Jugendkulturen wären ohne Medien und Medienwirksamkeit wohl nie möglich gewesen. Medien schaffen nicht nur (künstliche) Idole, zeigen nicht nur alternative Lebensstile und - formen in Filmen und Sendungen, sondern reflektieren schon bestehende Jugendkulturen und schaffen Öffentlichkeit in oft schlecht recherchierten Dokumentarfilmen und Nachrichten.

Medien transportieren Jugendkulturen aus Amerika und aus Großbritannien in deutsche Wohnstuben - überregionale Jugendkulturen werden durch diese bekannt und erst durch sie möglich. Leider werden ganze Jugendgruppen stigmatisiert und durch dieses Stigma beeinflußt, und das ist oftmals Folge einer oberflächlichen und auf Wirksamkeit bedachten Berichterstattung.

Nicht selten übernehmen oder verinnerlichen Jugendliche genau diese ihnen zugewiesenen Haltungen, die Vorurteile werden irgendwann zu realem Verhalten. "... Die Medien pressen uns einen Stempel auf. Und dann gibt`s die rückläufige Geschichte, daß die, die gestempelt sind, natürlich erst recht in die Richtung gehen. Plötzlich sind sie tatsächlich rechts, plötzlich sind sie tatsächlich Neonazis... Sie steigen auf das Schiff auf, das ihnen zugewiesen wurde, am Hafen" (Punk - Sänger, männlich, 24 Jahre).

Sicher ist die Intensität und der Einfluß der Medien auf den Bekanntheitsgrad einzelner Jugendkulturen differenziert zu beurteilen, dennoch: ohne Medien gäbe es wohl keine der neueren kulturellen Bewegungen.

Diese Tatsache zieht sich durch alle Jugendkulturen seit den Rockern (Marlon Brando in "The wild one") in den 50er Jahren bis zu der letzten Kreation der Medien, der Generation X (Wynona Ryder in "Reality Bites"). So sind die Auswirkungen der problematischen Konstellation von Kunst, Jugendkulturen und Kommerz, insbesondere in Kinofilmen nicht mehr abzusehen oder zu überschauen.

Die meisten Medien sind in erster Linie an Schlagzeilen, Auflagen und Sensationen interessiert. Viele Medienbenutzer setzen sich nur selten mit bestimmten Ursachen und Zusammenhängen auseinander und wollen lieber einfache und einleuchtende Lösungen vorgesetzt bekommen. Deutliche Folge dieser Entwicklung ist die Existenz einer sogenannten Symbolwelt, übrigens nicht nur in den Medien.

Dennoch sind gerade Jugendliche relativ unbefangene und vorurteilsfreie NutzerInnen der Medien, die sehr wohl bewußt bei der Auswahl von Filmen und Kinobesuchen nach aktiven Interessen und verschiedenen Bedürfnissen unterscheiden können. Allerdings übersehen sie nicht, daß Kindheit heute in erster Linie Medienkindheit und Jugend Medienjugend bedeutet (Schäfer/Baacke 1994, 15).

Medienkonsum ist zum "konstitutiven Element" des jugendlichen Alltages geworden. Jugendliche können heute gar als Vertreter einer Multimediageneration gelten, da sie im Freizeitverhalten sowohl bei der Medienausstattung als auch bei der Mediennutzung die Erwachsenengeneration längst überholt haben (Krüger/Thole in Krüger 1993, 447 - 472).

Medien sind schon lange nicht mehr unabhängig, sie sind es nie gewesen. Vor allem seit dem die Privatsender die Medienwelt in großem Stil veränderten, sind Medien Teil der Vermarktungsstrategie der Wirtschaft geworden. Durch Sponsorenverträge und Werbung werden gerade Kindern und Jugendlichen zu jeder Tageszeit Botschaften vermittelt, die bestimmen, was zur Zeit "in" oder angesagt ist.

4.1.6. Jugendkulturen und Konsum

Infolge der zunehmenden Akzeptanz der Jugendkulturen in der Gesellschaft sind sie auch für die Wirtschaft interessant geworden. Während beispielsweise die Rocker der 50er Jahre auf unüberwindbare Widerstände stießen, wird heute kaum noch ein Mitglied aus Jugendkulturen für sein Aussehen und für seinen Lebensstil öffentlich angefeindet.

Der Ausgrenzung der 50er bis 70er Jahre folgt heute eine relativ friedliche Auseinandersetzung in einer verhältnismäßig toleranten Gesellschaft. Es gibt nur noch wenige Tabus als Mittel der Abgrenzung. Das können zum Beispiel Rassismus, Faschismus, Gewalt, Drogen sein.

Die Wirtschaft hat erkannt, daß man mit Jugendlichen ordentlich Geld verdienen kann, denn die meisten Jugendlichen verfügen über nicht unerhebliche finanzielle Ressourcen und sind bereit, diese fast vollständig für Kleidung, Accessoires, Platten, CDs etc. einzusetzen.

Besonders Kleidung und Accessoires als Ausdrucksmittel einer eigenen Lebensweise und eigenen Befindlichkeit sowie einer Abgrenzung von der Erwachsenengeneration sind wichtige Zugangsvoraussetzungen für Jugendkulturen. Konsumanbieter fördern solche Rituale und Kleidungscodes, sie beachten sie beim Zusammenstellen ihres Warensortiments. Das reicht von Yuppie - Kleidung bis hin zu Szene - Klamotten, wie Doc Martens und Bomberjacken.

Jugendliche brauchen nicht mehr wie früher ihre Kleidung und ihre Accessoires selbst anzufertigen oder auszugestalten, sondern sie gehen in einen Konsumtempel und kaufen sich alles von der Stange. Sicherlich geht dadurch viel an Facettenreichtum, Phantasie und Individualität verloren. Dadurch werden Jugendkulturen einerseits immer uniformer, andererseits müssen sie, um sich gegenüber anderen Kulturen abgrenzen zu können, immer wieder neue Stilelemente und Moden kreieren.

Es ist anzunehmen, daß sich zukünftig zwei gegenläufige Tendenzen entwickeln: Zum einen wird es zu einer zunehmenden Vermassung von Stilen kommen, weil vieles an Stilelementen und Accessoires in die allgemeine Jugendmode übergehen wird. Diese Entwicklung führt zweifellos zu einer Konzentration, heute schon Großes wird noch größer und gigantischer, jegliche Dimensionen verschwinden noch mehr.

Massengeschmack und Mainstream werden den Konsum und die Medien bestimmen. Zum anderen wird es zu einer Verfeinerung der verschiedenen kleinen Szenen und deren Stilen kommen, die sich wiederum aufspalten und verändern werden.

Kreativität und Phantasie werden hoffentlich diese Szenen bestimmen und auch zum Weiterleben der Szenen notwendig sein. Je feiner und individueller Stile und Accessoires sind, desto mehr werden sie sich ihre Authentizität bewahren und für Konsuminteressen schwerer erreichbar sein.

Das Erscheinungsbild der Jugendkulturen wird von der Konsumbranche nach Kräften gestylt und in ihrer Wirkung unterstützt. Diese "Hilfe" treibt manchmal recht ungewöhnliche

Blüten. Besonders deutlich wird das am folgenden Beispiel: Die Fans von "Grunge" - musik verpaßten sich selbst ein Anti - Konsum - Image.

Ihr Markenzeichen sind kaputte Jeans, schmuddlige Schuhe und zottelige Haare. Das hinderte aber besonders clevere Geschäftsmänner und - frauen nicht daran, ein spezielles Grunge - Shampoo auf den Markt zu bringen, das die Haare nach dem Waschen noch immer ungewaschen erscheinen läßt.

Jede Jugendkultur bestimmt über ihr Äußeres, ihre Stile und Moden selbst. Die einzelnen Accessoires, die spezielle Bricolage sollen Werthaltungen und Lebensauffassungen ausdrücklich unterstützen. So unterscheiden sich die Kleidungsstile in Abhängigkeit der Zugehörigkeit zu Jugendkulturen, sie sind beispielsweise:

➢ körper - und aktionsorientiert wie Punks oder Hooligans,

➢ kritisch - engagiert wie Friedens - und Ökologieaktivisten,

➢ religiös - spirituell wie Grufties und Satanskinder oder

➢ maniristisch - postalternativ wie Girlies, Popper oder Yuppies (Ferchhoff 1993, 145).

Marketingexperten haben in jeder Jugendkultur Trend - scouts etabliert, damit sie sofort auf jeden neuen Trend reagieren können. Aber sie gehen noch weiter, sie versuchen selbst Trends zu setzen. Das funktioniert immer dann, wenn der neue Trend die drei Faktoren Innovation (neues Phänomen, das Ausstrahlungskraft besitzt), Identifikation (Nerv, der die Jugendlichen anspricht) und Multiplikation (Marketing - Maschinerie) ideal miteinander verbindet. Wie diese drei Faktoren miteinander harmonieren, entscheidet darüber, ob ein gemachter Trend Hip oder Hype sein wird (Janke/Niehues 1994, 116).

Vorläufiges Fazit: Das Bild von der überschaubaren Jugend ist wie nie zuvor zersplittert in Kulturen, Cliquen, Gangs, Moden, Stile und Einzelgänger. Die heranwachsende Generation in Deutschland mit den jeweils eigenen Verhaltensnormen, Lebensauffassungen, Kleiderordnungen, spezifischen Raumverhalten sowie Zeichen - und Sprachcodes bietet

ihren Anhängern Sicherheit, Respekt und Anerkennung. Sie definieren sich über Lebensstile, Haltungen und Moden, über Accessoires als kulturelle Gemeinschaften und grenzen
sich dadurch voneinander ab.

Nicht Welt - bzw. Gesellschaftsveränderung ist das Motto, sondern augenblicksorientier-
tes, körperbetontes Ausagieren von Gefühlen und Flucht aus der belasteten Alltagsrealität
in eine Scheinwelt. Die Art und Weise ist dabei außerordentlich variabel und verschieden-
artig.

Die zahlenmäßig anwachsende Gruppe der Techno - und Rave - Fans trifft sich in High -
Tech Tanztempeln, um im stundenlangen Tanzrausch aufgeputscht mit Ecstasy - Pillen
und Energy - Drinks dem Alltag zu entfliehen. Aus Spaß am Haß gehen Neonazis auf
Jagd nach Ausländern und Asylbewerbern, den vermeintlich Schuldigen an fehlenden Arbeits - und Ausbildungsplätzen. Chaos und No Future drücken Enttäuschung, Resignation
und Frust der Punk - Bewegung gegenüber den allgemeingültigen Normen und Werten
der Gesellschaft aus. Mystische Verklärungen, Gläserrücken und andere spirituelle Rituale
bewahren okkulte Gruppen, Grufties oder Satanskinder vor der allzu kühlen, unmenschli-
chen Welt.

In diesem Zusammenhang sei die Frage erlaubt, ob es zu verantworten ist, die Jugend sich
selbst zu überlassen, sie gesamtgesellschaftlich nicht ernst genug zu nehmen. Wenn fehlenden Ausbildungs - und Arbeitsplätzen nicht mit Nachdruck und genügend politischer
Aufmerksamkeit begegnet wird, wenn die Jugend nicht gehört und verstanden wird, dann
sind die genannten Verhaltensweisen nicht verwunderlich. Denn nur wer die Jugend hat,
der hat die Zukunft.

Jugendkulturen können zu Orten der Demonstration eines positiven Lebensgefühls, aber
auch zu Zufluchtsstätten für lebensresignative junge Menschen mit einem ständigen Ge-
fährdungspotential durch Alkohol, Drogen und Gewalt werden. Immer aber sind es jugendliche Gemeinschaften, soziale Treffs, die eine Botschaft verkünden wollen für eine
lebenswerte Gesellschaft und eine lohnenswerte Zukunft. Um dieses artikulieren und ver-

wirklichen zu können, brauchen junge Leute nicht nur Luft zum Atmen, sondern auch öffentliche Räume zum Verweilen, Plaudern und Weltverändern.

In der Regel entsprechen Moral und Wertvorstellungen der Familie nicht denen Jugendlicher. Spaß haben, Geld ausgeben, für den Augenblick leben, Aktion suchen sind Werte, die den Erwachsenen eher fremd sind. Jugendkulturen entstehen oft gerade durch diese Widersprüchlichkeit zwischen Wertproklamation und Wertverwirklichung: Die Fremdheit ihres eigenen Milieus, die Zerstörung sinnlich erfahrbaren Wohnens, Arbeitens, Miteinanderumgehens, Trabantenstädte, dem Konsum vorbehaltene Innenstädte - dies alles führt zu Jugendkulturen, die versuchen, eine Ganzheitlichkeit von Erfahrung über Stile, Mode und Meinungen zu konstituieren.

In der Jugendkultur finden sie den längst verlorengeglaubten gesellschaftlichen Zusammenhang. Gegenüber allgemeinen gesellschaftlichen Wertsetzungen verhalten sie sich - partiell oder total - kritisch, ja abwehrend. Sie erschließen sich eine neue Welt und bauen ihre Umwelt so, daß sie in diesen erschlossenen Sozialräumen ihre Vorstellungen leben können.

Jugendliche übernehmen in ihren kulturellen Gruppen ebenso Rollen, in erster Linie Situationsrollen. Sie unterscheiden sich grundlegend von denen in Schule und Beruf sowie im Arbeitsprozeß. Diese sind institutionalisiert und instrumental. Sie dienen dem Prestige, der Existenzsicherung, dem Aufstieg durch Leistung, der Positionssicherung.

Die in Jugendkulturen ausgeübten Rollen sind eher konsumorientiert, sie erlauben Selbsterprobung, Abenteuer, Risiko. Sie dienen so einer individualisierten, personenbezogenen Identitätssuche in der Gruppe.

Gerade Jugendliche entwickeln einen spezifischen Eigensinn, der es ihnen erlaubt, die Ausdrucksmittel der Trivialkultur sich originell und ausdrucksstark anzueignen, weiterzuentwickeln und auf diese Weise Möglichkeiten von oppositionell unabhängigen und alternativen Symbolisierungen des Selbst zu erzeugen.

Jugendkulturen suchen Bindungen, aber ihre Mitglieder sind auch besonders viel unterwegs. Sie sind unterwegs und suchen eine Heimat. Das Reisen dient nicht nur dem Erleben von Alternativen oder dem Unterwegssein nach einer in den Raum gesetzten Utopie.

Das Unterwegssein wird zu einem Bestandteil von Aktion, zum Wert an sich. Deshalb sind jugendkulturelle Gruppierungen keinesfalls geschützt. Im Gegenteil: Ihre Offenheit, ihre mangelnde Institutionalisierung macht sie zum Einfallstor für viele neue Ideen, aber auch für fast alle Bedrohungen, die die moderne Welt für Heranwachsende bereithält.

Im folgenden wird mittels des Zonenmodells exemplarisch der Weg einzelner Jugendkulturen durch den sozialökologischen Raum nachgezeichnet, um die Problematik der Raumaneignung und - verdrängung verdeutlichen zu können.

4.2. Jugendkulturelle Gruppen und Raumverhalten

4.2.1. Die Punk - Jugendkultur

4.2.1.1. Kurzcharakteristik der Punks

Bedeutung: Punk wird übersetzt als "Schund" oder "wertloses Zeug";

Entstehung: 1977 in England;

Musik: Punkmusik als Alternative zu herkömmlicher, harmonischer Pop- und Rockmusik, z.B."Sex Pistols";

Accessoires: typisch bunte, phantasievoll gestylte Haare, bewußt auffallende, schockierende Kleidung (z.B. schäbig abgewetzte Jeans - oder Lederjacken), Sicherhietsnadeln durch Wangen, Lippen, Nase oder Ohrläppchen;

Wertvorstell.:   Gegenwelt zum bürgerlichen Alltag, Provokation, Müllkultur

Besonderheiten: Bildung eines autonomen, alternativen Sozialgefüges, Idee vom selbstorganisierten Chaos; besonders im Nachwendedeutschland verstärkte politische Orientierung durch die Zunahme rechtsradikaler Aktivitäten/Übergriffe.

4.2.1.2. Punk - Absage an den gesellschaftlichen Fortschritt

Die Schmuckformen des Punk verbinden das Schöne mit dem Gegenteil, dem Häßlichen, dem Grellen und dem Schmerzhaften. Lumpen und Müllsäcke als Kleidung, Schlösser und Hundehalsband als Schmuck, die Haare bunt, eine Ratte als Schmusetier und Lebensgefährte - eine vollendete Attacke gegen die Ordnung der Dinge und Systeme.

Längst hat die Punk - Bewegung auch in Deutschland ihren Platz im vielfältigen Mosaik der Jugendkulturen gefunden. Dabei war die deutsche Punk - Variante zunächst von einem besonderen Thema geprägt: "Null - Bock" stand als Haltung und Abgrenzung der Punks gegen staatliche Reformpolitik vor dem Hintergrund der Pädagogisierung und Erziehung in den 70er Jahren. Diese Haltung drückte auch eine Verweigerung gegenüber der Staatspolitik aus, die nichts Wirkungsvolles gegen akuten Lehrstellenmangel und Jugendarbeitslosigkeit unternahm. Der Punk - Protest richtet sich auch gegen die neuen Macher aus der 68er Bewegung, die nun als Reform - Spießer, agile Politiker oder kritische Lehrer auftreten.

Die Räume, die sich die Punk - Jugendkultur aneignet, sind öffentliche. Es sind Straßen und Plätze, die, zentral gelegen, die Möglichkeit der öffentlichen Provokation bieten. Es sind vorzugsweise Häuser, die von ihnen besetzt und "verwaltet" werden, um sich ein billiges Dach über dem Kopf zu sichern. Die Türen sind nicht verschlossen, denn jeder kann eintreten, vorausgesetzt er identifiziert sich mit den Normen und Werten dieser Kultur. Die Räume gleichen dem Antlitz ihrer Anhänger, sie sind dreckig, der Müll wird kaum entsorgt, Ratten gehören zum Inventar. So wie sich diese Jugendkultur versteht - nämlich als lumpenproletarische Selbststilisierung - so sind auch die Sozialräume, in denen sie sich bewegen und leben.

Mit dem Image der Punks werden Parallelen zur gegenwärtigen Situation im wiedervereinigten Deutschland, insbesondere in den neuen Bundesländern sichtbar. Die Punk - Jugendkultur erfährt seit dem gesellschaftlichen Umbruch eine Wiederbelebung mit steigender Zahl ihrer Angehörigen und Sympathisanten.

Individuell erlebte Brüche in den ehemals gesicherten DDR - Sozialisationsbedingungen (Familie, Schule, Ausbildung) hinterließen tiefe Spuren, verbunden mit u.U. ungünstigen Startbedingungen für ein Leben in der neuen, leistungsorientierten Gesellschaft. Verlierer-Gefühle dieser Jugendlichen stehen öffentlich propagiertem Zukunftsoptimismus entgegen.

Diese Situation persönlicher Enttäuschung, Unsicherheit und Ohnmacht leben die Punks in den Spielräumen und Möglichkeiten dieser provozierenden Jugendkultur aus. "Wenn schon nichts zu ändern ist, dann wollen wir wenigstens Spaß haben" (25jährig, männlich).

4.2.1.3. Lebensphilosophie und Werthaltungen der Chemnitzer "Bunten"

Die folgenden Beschreibungen von Szenen, Bildern und Aktionen basieren auf Beobachtungen im Sinne, daß zielgerichtet, systematisch und selektiv bestimmte Ausschnitte der Wirklichkeit durch einen Streetworker, der sich dieser Gruppe angenommen hat, sinnlich wahrgenommen und wiedergegeben werden. Es ist demzufolge ein authentischer Bericht, der verdeutlichen soll, wie sich unter den heutigen Bedingungen eine Jugendkultur ihre Räume erobern und anzueignen versuchen muß.

Ort der Begegnung einer Gruppe Punks, ca. 20 an der Zahl, ist eine der stark frequentierten Haltestellen im Chemnitzer Stadtzentrum, Zentralhaltestelle genannt. Hier treffen sich täglich Mädchen und Jungen, teilweise sind es junge Erwachsene, die den ganzen Tag über diesen öffentlichen Raum besetzen und sich dort aufhalten. Sie werden vom betreuenden Streetworker liebevoll die Bunten genannt.

Die Passanten fühlen sich beim Anblick der Gruppe, welche meistens im Kreis sitzt, raucht und schwatzt, bedroht. Einerseits bauen sich Angstgefühle auf, weil man dieses Phänomen zu wenig kennt und schon gar nicht einschätzen kann. Andererseits sind sie bestürzt, wie sich die Stadtoberhäupter das gefallen lassen können und meinen, Arbeitslager, Gefängnis wären gerade angebracht für jene Jugendlichen, die da den ganzen Tag herumsitzen und arbeitsscheu allemal sind.

Was aber ist es, was die Passanten teils in Angst und Schrecken versetzt, teils zur Provokation und zu Vorwürfen gegenüber der öffentlichen Ordnung aufruft?

Es ist die Tatsache, daß sich seit mehreren Wochen das gewohnte Bild dieser Zentralhaltestelle geändert hat oder besser, daß Jugendliche, die diesen Platz zu ihrem Treffpunkt auserwählt haben, sie geändert haben. Sie erregen Aufmerksamkeit, weil sie bunt gefärbte Haare haben, zerlumpte Kleidung tragen, nicht die Müllbehälter benutzen und auf dem Boden liegen bzw. sitzen. Für Außenstehende sind diese Jugendlichen zwischen 14 und 25 Jahre so bedrohlich und auffällig weil:

➢ ihre Anzugsordnung, die aus zerschlissenen, dunkelfarbigen Lumpen besteht, unansehnlich und ungewohnt ist;

➢ ihre bunten Haare in Farbe, Länge und Styling provozierend wirken;

➢ die ganztätige Anwesenheit am öffentlichen Treffpunkt besorgniserregend zu sein scheint;

➢ der laufende Alkoholkonsum, verbunden mit Lärm und Müll, ganz einfach bürgerlichen Normen und Werten widerspricht;

➢ die vielen zur Gruppe gehörenden Hunde Angst machen;

➢ es ihr Hobby ist, Passanten um Kleingeld zu bitten;

➢ sie die Fähigkeit haben, in leerstehenden Abrißhäusern wohnen zu können.

So erleben Passanten, Mitbürger dieses Landes, die genannte jugendkulturelle Gruppe der Punks. Wie aber erleben sich die Mitglieder der Gruppe, welches Selbstbild haben sie von sich entwickelt? Das Selbstbild gründet sich auf Erfahrungen, die sie als Punks gemacht haben.

Sie erleben vor allem:

➢ Stigmatisierungen zunächst über sichtbare Äußerlichkeiten, über die Peer - Group, Kleidung, Haare, Hunde;

➢ Ärger mit Vertretern des Systems, insbesondere mit der Polizei, den Lehrern;

> ➢ Verdrängung aus Kneipentreffs, Jugendklubs, öffentlichen Plätzen;

> ➢ Ausgrenzung durch ihre soziale Lage, d.h. arbeitslos und/oder wohnungslos zu sein.

Daraus resultiert für die Punks das Bewußtsein, nicht akzeptiert zu werden, sozial benachteiligt, ja als Endstation eingestuft und von der Gesellschaft ausgestoßen zu sein.

"Die anderen können überall sein, wir aber am besten nirgendwo" (22jährig, weiblich). Mit der ironischen Verwendung von etikettierenden und ausgrenzenden Begriffen zu ihrer Selbstdefinition als Punks, beispielsweise "arme Schweine", "Assos", "Chaoten" verdeutlichen sie, daß sie die Prozesse der Stigmatisierung durchschauen und nun parodieren, diese aber auch rückbeziehen können auf ihre selbst erlebte soziale Situation.

Die soziale wie materielle Ausgrenzung aus der Gesellschaft, die von den Punks auch auf den sozialen Raum bezogen wird, schlägt ihrerseits in Abgrenzung um. Der ironische Gebrauch der Begriffe "arme Schlucker" und "letzter Rest der Arbeiterklasse" zu sein, wobei sie damit die Arbeiterklasse der DDR meinen, wird von ihnen so interpretiert: Die Punks wollen sich weder als Objekt sozialer Fürsorge noch als politisch hochstilisierte Gruppe behandeln und vereinnahmen lassen.

Die damit gemeinte Abgrenzung bezieht sich nicht nur auf das politische System mit seinen Parteien, sondern auch auf das soziale Leben im Allgemeinen. "Wer auf der Konsumwelle mitschwimmt, ersäuft!" oder auch "Coca - Cola - Büchsenbier/Helmut Kohl wir danken dir." steht für Punk - Ironie an den Häuserwänden und soll die Meinung der Punks zum Leben in dieser Gesellschaft ausdrücken.

Diese Willensbekundung steht für die Punks im Zusammenhang mit der bewußten Entscheidung, anders als all die anderen sein zu wollen. Damit meinen sie Widerstand, ausgedrückt im konkreten Handeln, die eigene, selbst stilisierte Kultur aktiv, produktiv und phantasievoll zu entfalten.

Sie dokumentieren mit ihrem Motto: "Dasein ist gut - Anderssein ist besser" auch ihren Wunsch, Subjekt, ja, Mensch sein zu wollen.

Ihre Jugendkultur charakterisieren die Bunten durch die folgenden Normen, die sie von anderen kulturellen Gruppierungen unterscheiden soll:

> ➢ sie haben keine Rangordnung und Hierarchie untereinander;

> ➢ sie lehnen alle "Faschos" und "Rechten" ab, ansonsten ist es egal, wer man ist;

> ➢ sie beharren auf ihrer Autonomie, die sich auch auf die Raumeroberung bezieht, und

> ➢ sie haben keine Lust zu arbeiten, weil sie keine Steuern bezahlen wollen.

Diese Haltungen sind ihrer Meinung nach nur unter Gleichgesinnten möglich. Die Gruppe als Teil einer Szene bleibt offen für alle, die sich in Punk - Richtung definieren.

Die Offenheit bringt aber auch Gefahren mit sich. Ein ständiges Kommen und Gehen der Mitglieder zieht die hohe Fluktuationsraten nach sich. Die Gruppenstärke variiert immer wieder und die Möglichkeit des in die Gruppe Eindringens zerstört leicht die Gruppenidentität. Deshalb gerade sind aktive Solidarität und Zusammenhalt gegen auch nur eine erdrückende Übermacht wichtig, so daß es keinen im Stich gelassenen Punk gibt.

Viele von ihnen wohnen zusammen und halten dicht. Gemeinsame Aktionen werden als aktiver Widerstand gegen den Zwang des Eingepaßt - Werdens in den Gleichlauf des Ganzen gesehen.

Sie sind bestrebt, sich von niemandem vereinnahmen zu lassen, und sie bestimmen selbst, was sie tun und wo sie sich aufhalten wollen. Nicht zuletzt deshalb markieren sie symbolisch ihre Aufenthaltsräume mit Graffiti - Sprüchen wie "Bild - killt jeden Tag" oder "Hier sind wir, wer kann mir?".

Sie besetzen öffentliche, funktional anders bestimmte Räume, um zu zeigen, hier bestimmen wir, das ist unser Raum, unser Territorium.

Sie versuchen ihren Lebensraum nicht nur sichtbar abzustecken, sondern auch gegenüber anderen zu schützen. Erleichtert wird dieses durch Hunde, die in der Chemnitzer Punk - Gruppe gehalten werden. Was für den Ur - Punk die Ratte gewesen ist, ist hier der Hund.

Nach Aussagen der genannten Gruppe haben die Hunde mehrere Funktionen zu erfüllen:

➢ Abgrenzung des eigenen Aufenthaltsterritoriums, welches auch durch die Hunde wechseln kann;

➢ Schutz vor Überfällen rechts - und andersorientierter jugendlicher Gruppierungen;

➢ der Hund wird als treues, dankbares Lebewesen zur Pflege und Zuwendung begriffen;

➢ er ist der Ersatz für vielfache Isolation und persönliche Einsamkeit, denn: "Mein Hund hört mir zu und meckert nicht laufend herum." (Punk, weiblich, 18 Jahre).

Für die Beschaffung und "Dauerausleihe" des Hundefutters nehmen die Bunten das Risiko auf sich, erwischt zu werden. Gleichzeitig ist mit der Haltung von Hunden die Tatsache verbunden, daß diese zu deren Stigmatisierung und Ausgrenzung verstärkt beitragen.

Das betrifft insbesondere das Hundeverbot in öffentlichen Räumen, die Erschwernis, Mietverträge für Wohnungen abschließen zu können, wo Hunde erlaubt sind und das Bedrohungserlebnis, welches für viele von Hunden ausgeht.

Damit verschließen sie sich auch vielfach der "normalen" Öffentlichkeit, indem sie sich nicht nur selbst abgrenzen, sondern ebenso ausgegrenzt werden.

Die Familie, die Nachbarn, der Lehrer, sie alle verstehen die Welt nicht mehr und schon gar nicht die Punks. "Was ist bloß aus dem Kind geworden?" oder "Wie sieht die denn aus?"sind Sprüche, die zu Konsequenzen gegenseitiger Entfremdung führen.

Die Folge sind Beziehungsabbrüche in der Familie und Nachbarschaft, Stigmatisierungen in der Schule und Ausbildung und sogar körperliche Attacken durch andersdenkende Gleichaltrige.

Mit dieser ihrer Punk - Lebensphilosophie im Stil eines schockierenden Aussehens, Ausdrucks - und Raumverhaltens als Parodie auf "cheesebürgerliche Zustände"stoßen sie auf Unverständnis und Ablehnung und erschweren zusätzlich die Integration in gesellschaftliche Verhältnisse und Räume.

4.2.1.4. Der Weg einer Punk - Gruppe durch den Chemnitzer Raum

Im folgenden soll der Weg skizziert werden, den die Punk - Gruppe in Chemnitz gegangen ist. Dabei soll wieder auf das ökologische Zonenmodell zurückgegriffen werden, um den räumlichen Aneignungs - bzw. Ausgrenzungsprozeß aufzeigen zu können.

4.2.1.4.1. Die Entwicklung der Punks und der Verdrängungsprozeß aus dem ökologischen Zentrum

Der Prozeß des Bewußtwerdens der beschriebenen Chemnitzer Punk - Gruppe und der Ausbildung einer eigenen Identität kann auf das Jahr 1990 datiert werden.

Der Lebensweg der Mitglieder begann in der DDR vor etwa 20 Jahren. Die Anhänger der Punk - Gruppe gehören den Geburtskohorten 1960 bis 1970 an. Es sind demzufolge jene Jugendliche, die ihre primäre und sekundäre Sozialisationsphase vorwiegend in der DDR erlebt haben und sich zum Zeitpunkt der Wende mit den Bedingungen der Marktwirtschaft auseinandersetzen mußten.

Es war für sie genau der bereits beschriebene Individualisierungsaufprall, indem sie mit der Schulausbildung fertig oder noch in dieser befindlich, den Sprung von der ersten zur zweiten Schwelle, ins Berufsleben wagen mußten.

Einige von ihnen hatten gerade die Realschule beendet, zwei besuchten ein Gymnasium der Stadt und weitere zwei befanden sich 1990 in einer handwerklichen Ausbildung. Mehrere hatten zu diesem Zeitpunkt gerade ihre Schul - bzw. Berufsausbildung abgebrochen. Vor ihnen allen stand eine außerordentlich wichtige Entscheidung, sich in das Ausbildungs - oder Berufsleben zu integrieren.

Fast alle von ihnen hatten allerdings schlechte Karten, sie gehörten nicht zu den Leistungsfähigsten und ihre Elternhäuser waren fast vollständig von eigener beruflicher Unsicherheit betroffen. Die Eltern sind vorwiegend im Arbeiter - oder Angestelltenverhältnis beschäftigt gewesen, und mindestens ein Elternteil wurde bereits 1990 arbeitslos, in zwei Fällen betraf es sogar beide Elternteile.

Nicht zuletzt dadurch wurde der eigene biographische Entwicklungsweg erschwert, ebenso die Orientierungsfähigkeit an den Eltern. Die individuelle Sprachlosigkeit der Punks - Mitglieder potenzierte sich durch die vielfachen elterlichen Negativerfahrungen.

Es kam, was kommen mußte, der Kontakt mit dem Elternhaus verringerte sich, oder die Beziehungen wurden völlig abgebrochen. Allein gelassen oder isoliert von gemeinschaftlicher Erfahrung in der Familie suchten sie sich eine Identität, die der Chemnitzer Punk - Gruppe. Hier fanden sie, was sie inzwischen zu Hause vermißten, Gespräche mit Gleichgesinnten, die sich in ähnlichen Situationen befanden und Verständnis für ihre Probleme aufbrachten. Das ökologische Zentrum war demzufolge frühzeitig eingeengt oder als Sozialisationsort verlorengegangen.

4.2.1.4.1. Die Aneignung des ökologischen Nahraums durch die Punks

Aufgewachsen sind sie alle im Wohngebiet "Fritz Heckert", einem für 80 000 Bewohner konzipierten Plattenneubau im ehemaligen Karl - Marx - Stadt, heute Chemnitz. 1990 wohnten hier fast 85 000 von 294 000 Chemnitzern insgesamt. Es war damit das größte Wohnungsneubaugebiet der Stadt und das drittgrößte der DDR. Der Anteil von Kindern und Jugendlichen, die im Wohngebiet "Fritz Heckert" lebten, war vergleichsweise hoch, er betrug 36%.

Entscheidend für die Standortfestlegung waren:

➢ günstige Lage zum Stadtzentrum, zu den Großbetrieben im Westen und Süden der Stadt und zu den Naherholungsgebieten;

➢ gute lufthygienische Voraussetzungen;

➢ geringer Erschließungsaufwand.

Die "Fritz Heckert" - Region ist ein reines Wohngebiet. Im Bestreben der DDR - Verantwortlichen, festgesetzte Zahlen im Wohnungsbau unbedingt zu erreichen, wurden mithilfe industrieeller Plattenbauweise elfgeschossige "Scheibenhäuser" und fünf - oder sechsgeschossige "Punkthochhäuser" auf engstem Raum gebaut. Insbesondere in den letzten Jah-

ren des Baugeschehens fielen geplante Versorgungs - und Freizeiteinrichtungen sogenannten Minimierungsprogrammen zum Opfer.

Hauptverkehrsadern führen entlang des Wohngebietes, die Anliegerstraßen zu den Wohn-
blöcken sind nachts bis auf den letzten Platz von abgestellten PKWs belegt. Es gibt kaum
Grünflächen, und wo es sie gibt, treffen die Interessen der Ruhebedürftigen auf die von
Kindern und Jugendlichen. Rückzugsmöglichkeiten für letztere gibt es so gut wie nicht, es
sei denn in den Hauseingängen oder den Hausfluren.

Die soziale Infrastruktur für Kinder und Jugendliche war ihrem hohen Anteil entsprechend
viel zu wenig erschlossen. Es gab nur wenige Spielplätze, die schnell demoliert waren und
ganze sechs Jugendklubs mit einer Kapazität für rund fünfhundert Jugendliche.

Gegenwärtig werden die Wohnungen teilweise privatisiert, vielfach saniert, und die letzten freien Flächen werden zubetoniert. Es wird versucht, ein paar Geschäfte mehr zu eröffnen, um dem Konsumdrang zu entsprechen. Dadurch entstehen noch mehr Parkplätze,
die den Anteil der Grünflächen weiter beschneiden.

Jene Bevölkerungsschichten, die finanziell in der Lage und zudem mobil sind, verlassen
dieses Wohngebiet. Jene, die einen Wohnberechtigungsschein bekommen, also Anspruch
auf sozialen Wohnraum haben, ziehen ein.

Die Folge davon sind starke Segregationsprozessse, wie sie seit vielen Jahren schon in
vernachlässigten Arealen der Bundesrepublik beobachtet werden können. Es entsteht eine
relativ homogene, sozial schwache Bevölkerungsstruktur Die Bewohner sind selbst kaum
in der Lage, sich aus ihrem Schicksal zu befreien.

Der hier skizzierte ökologische Nahraum, die Nachbarschaft und Wohngegend, die Umgebung von Zone 1 stellten zunächst das räumliche Aneignungspotential der betrachteten
Punk - Gruppe dar. Was hat die genannte Entwicklung der zweiten Zone für diese Kinder
und Jugendlichen gebracht? Wie hat der ökologische Nahraum auf sie gewirkt? Konnten
sie sich hier unter neuen gesellschaftlichen Bedingungen integrieren und damit ihre un-

verwechselbare Wohn - und Lebensidentität finden? Das sind Fragen, und nicht nur diese, die im folgenden im Zusammenhang mit räumlichen Aneignungs - bzw. Verdrängungsprozessen der jugendkulturellen Chemnitzer Punk - Gruppe betrachtet werden sollen.

Die territoriale Aneignung von Räumen war solange möglich, wie es der Punk - Gruppe gelang, Orte, die bereits für Jugendliche zur Verfügung standen, für ihren Aufenthalt zu nutzen. Im Falle der Bunten gab es vorübergehend einen kleinen Jugendklub im Wohngebiet "Fritz Heckert", in welchem Punks geduldet wurden. Probleme traten allerdings sehr bald mit der zunehmenden Anwesenheit ihrer Hunde auf.

Einen ersten Grund der Verdrängung aus dem ökologischen Nahraum erlangten die Verantwortlichen über das verhängte Hundeverbot, wodurch eine Gelegenheit geschaffen war, deren Halter gleich mit loszuwerden. Der allein reichte jedoch nicht aus, es wurde deshalb recht schnell entschieden, daß dieser Klub wegen dringender Sanierungsmaßnahmen geschlossen werden müsse. Damit gelang scheinbar problemlos die erste Verdrängung der Punks aus ihrem angestammten Wohngebiet, und sie waren gezwungen, eine Alternative für einen Aufenthaltsort ihrer Gruppe zu finden.

4.2.1.4.2. Die Verdrängung der Punks aus dem ökologischen Nahraum

Infolge der Eingliederung in vorhandene freizeitrelevante Angebote gelang ihnen das, allerdings nicht mehr im ökologischen Nahraum, sondern in den ökologischen Ausschnitten. Im Falle der Bunten war es ein Treffpunkt in einem alternativen Jugendzentrum am anderen Ende der Stadt, wo unterschiedliche jugendkulturelle Gruppen integriert werden konnten. In den großzügig angelegten Räumen des Objektes konnten ideologisch sich nicht ausschließende jugendliche Strömungen ihren individuellen Interessen nachkommen. Es gab zwei Cafes, ein Kino sowie einen kleinen und großen Konzertsaal, wo regelmäßige Konzerte differenzierter Musikstile stattfanden. Analytisch betrachtet, kann hier von einer Teil - Aneignung von Räumen auf Zeit ausgegangen werden, nämlich dann, wenn Punk - Konzerte angesagt waren und viele Besucher den Saal füllten. Desweiteren handelt es sich um eine Verdrängung in die ökologischen Ausschnitte.

Auch dieses Jugendzentrum wurde bald darauf wegen dringender Baumaßnahmen geschlossen. Ob das frühere kulturelle Profil des Hauses nach der Sanierung wieder hergestellt wird, ist fraglich. Es ist eher anzunehmen, daß die MitarbeiterInnen des freien Trägers sich stärker an kommerziellen Kriterien zum Erhalt der Einrichtung orientieren werden. Hier wird die aus vorwiegend arbeitslosen Jugendlichen bestehende Punk - Gruppe kaum etwas entgegenzusetzen haben. Vor dem Hintergrund erneuter Mittelkürzungen im Bereich Jugendarbeit kann kulturelle Vielfalt schnell in kommerzielle Gewinn - Kultur umschlagen.

Fazit war, auch in den ökologischen Ausschnitten war nach einem Jahr kein Platz mehr für die Bunten. Die Möglichkeit, in die ökologische Peripherie auszuweichen, bestand reell nicht, denn wo sollten sie hin ohne Arbeit oder mit schlechten beruflichen Chancen. Deshalb wählten sie die letzte, ihnen verbleibende Gelegenheit, die Umdefinition von Räumen. Sie wählten die Zentralhaltestelle inmitten der Stadt Chemnitz, wo sie immer wieder zum Ärgernis der Bevölkerung wurden.

Natürlich ist das auch nur und ebenso eine Teilaneignung auf Zeit, denn hier sitzen sie und rauchen, lungern umher mit ihren Hunden. Nachts brauchen sie eine Bleibe, die ihnen Schlaf gewährt, was an diesem Ort nicht möglich ist.

4.2.1.4.3. Eine Alternative - die Hausbesetzung

Resultat davon war letztlich eine besondere Form der jugendlichen Raumaneignung - eine Hausbesetzung. Das Haus befindet sich im Stadtteil Schloß - Chemnitz, also im ökologischen Ausschnitt der Punks.

Nach der Hausbesetzung im Sommer 1993 hatten die Bunten öffentlichkeitswirksam auf ihre Wohnraumnot und den Wunsch, nach einer gemeinsamen Wohnform zur Entfaltung ihrer selbst gewählten Lebensweise aufmerksam gemacht. Allerdings fehlte ihnen die Kraft und die Fähigkeit, eine eigene Handlungstrategie zu entwickeln. In diesem Zusammenhang kam es zu einer Spaltung der Gruppe. Für einige Punks hatte sich das angestrebte Ziel, die "Stadt zu provozieren", über die Hausbesetzung erfüllt, und ihre Motivation war "abgeschlafft". Dies führte zu heftigen Auseinandersetzungen mit den Gruppenmitgliedern, die ein wirkliches Interesse an eigenem Wohnraum hatten.

Nach Unterstützung eines Teams der Mobilen Jugendarbeit gelang es nach langen Bemühungen, ein Wohnprojekt auf der Chemnitzer Voigtstraße zu eröffnen mit einer Kapazität von 18 Plätzen. Von den ehemaligen Hausbesetzern haben nur wenige diese Wohnmöglichkeit angenommen. Andere sind weiter auf der Straße geblieben, sie schlafen "wo Platz ist", oder sie besetzen weiterhin Räume bzw. funktionieren diese als die ihren um. Die Gruppe der Bunten hat sich im Prozeß der Raumaneignung bzw. Verdrängung selbst gespalten. Sie konnte infolge der wechselnden und ständig neuen Aufenthaltsorte ihre eigene Stabilität und Indentität nicht erhalten.

Das, was sich heute an der Chemnitzer Zentralhaltestelle zeigt, ist der stabile Kern der Gruppe, der sich nicht mehr in die Familie, auch nicht in eine Wohngemeinschaft etc. integrieren läßt. Sie beharren auf ihrer Punk - Lebensphilosophie und sie wollen verdeutlichen, daß auch eine Umdefinition von Räumen zumindest zeitweise zu Erfolg und gewollter öffentlicher Aufmerksamkeit führt. Ihrer Meinung nach sind sie lange genug umhergezogen, sind von einem zum anderen Ort verdrängt wurden. Jetzt verteidigen sie ihr besetztes Gebiet, ihre Hunde helfen ihnen dabei.

Gegenwärtig wird die Zentralhaltestelle komplex saniert, es soll eine gute Adresse in der Innenstadt werden. Das ist nun genau die dritte Sanierungsmaßnahme (nach den zwei Jugendklubs), mit deren Hilfe man die jugendkulturelle Szene loswerden möchte. Dagegen wehrt sich die Gruppe massiv.

Einem Fernsehbericht vom 26.08.1997 zufolge nimmt die Splittergruppe der „Bunten", die sich in keine Maßnahme integrieren ließ, eher zu als ab. Sie zählt inzwischen etwa 60 Mitglieder, die noch immer an der Zentralhaltestelle anzutreffen sind. Sie sitzen inmitten der Baustelle und versuchen, ihr Territorium zu bewahren und zu verteidigen.

4.2.1.5. Die Nachzeichnung der Raumaneignung durch die Chemnitzer Bunten

Nach dem Verlassen des ökologischen Zentrums, der Familie, und der beschriebenen Verdrängung aus dem ökologischen Nahraum, der Nachbarschaft und Wohngegend, weicht die Punk - Gruppe in selbst bestimmte oder besser besetzte Treffpunkte, ökologische Ausschnitte des erweiterten Stadtgebietes aus.

Abbildung 2: Der Weg der Chemnitzer Bunten durch die ökologischen Zonen

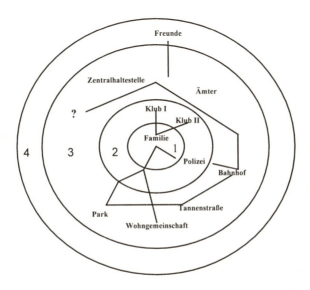

1 Ökologisches Zentrum
2 Ökologischer Nahraum
3 Ökologische Ausschnitte
4 Ökologische Peripherie

Aus der Abfolge des skizzierten Gruppenweges der Chemnitzer Punks ist nachzuvollziehen, daß sowohl das individuelle als auch das gruppentypische Raumverhalten nach dem Verlassen der Familie und der Wohngegend fast unterbrochen in wechselnden ökologischen Ausschnitten verlaufen ist.

Sie ließen sich vom ökologischen Zentrum (Familie/Wohnumfeld) über den Nahraum hin zum Park, über die Tannenstraße, dem Ort der Hausbesetzung, zum Bahnhof, danach zu den beiden genannten Jugendklubs, die beide plötzlich dringend sanierungsbedürftig waren, bis letztlich zur Zentralhaltestelle, wo sie gegenwärtig noch immer zum öffentlichen Ärgernis werden, verdrängen. Einige, wenn auch deprimierende Erfahrungen sammelten sie im ökologischen Ausschnitt beim Aufsuchen von Ämtern (Wohnungs - /Sozialamt), die Ansprechpartner für ihre Nöte sein sollten, diese aber nicht ernst nahmen bzw. nehmen.

Ausnahmen des Ausbruchs aus der Zone 3 bilden kurzzeitige Besuche von Bekannten oder Freunden, Kumpels in anderen Städten, also in der ökologischen Peripherie. Diese kann aufgrund von finanziellen oder mobilen Engpässen nur relativ selten aufgesucht werden. Häufig kam es zu unfreiwilligen Rückführungen von Mitgliedern der Gruppe mit Hilfe polizeilicher Maßnahmen in die Familien. Dort sind sie nie lange geblieben, sehr schnell sind jene wieder in die Gruppe zurück gekommen. Hier finden sie den Raum zum Leben, den sie brauchen, oft ist die Familie zu eng und entspricht nicht mehr ihren Wertvorstellungen.

Im Bemühen der Gruppe, einen selbst bestimmten Platz, einen Raum zum Treffen, Rumhängen, Wohnen mit gleichgesinnten Freunden zu finden, ist sie immer wieder am Veto der Erwachsenen und der von ihnen bereits funktional vorbestimmten und damit besetzten Lebenszonen gescheitert. Hier kollidierten insbesondere erwachsenenbestimmte Funktionalisierung von Lebensräumen mit Vorstellungen der Punks von gesellschaftlichen Verkehrsformen ohne formalisierte Regelsysteme. Immer wieder mußte die Gruppe erfahren, daß sie auf kurzzeitiges Einlassen von institutionellen Handlungsvorgaben, eingegrenzt von Vorschriften und Anweisungen, mit Mißerfolgserlebnissen und Gefühlen von Ausgrenzung und Abwertung reagieren mußten. Das ist in erster Linie ihrer Unfähigkeit geschuldet, selbst Handlungsstrategien zu entwickeln, Alternativen vorzuschlagen und letztlich durchzusetzen.

Die Konsequenz ist: Die Chemnitzer Punks werden auf den dauernden Verbleib in wechselnden ökologischen Ausschnitten des erweiterten Stadtgebietes angewiesen sein. Die bleibende Aneignung von Räumen wird ihnen wohl aufgrund der eigenen Uneinigkeit in der Gruppe und der geringen eigenständigen Handlungskompetenz verwährt bleiben. Damit grenzen sich die Punks selbst durch ihre individuelle Lebenswelt und deren entsprechenden Verhaltensweisen aus, und sie werden gerade deshalb durch ihre Außenwelt ebenso ausgegrenzt. Ein Verlassen der Gruppe und damit eine selbstbestimmte, individuell eigenständige Lebensweise sind möglich durch beispielsweise:

➢   das Aussteigen aus der Jugendkultur der Punks und

➢   die Entscheidung der Inanspruchnahme institutionell geschaffener Wohnräume und
     gebotener Unterstützungsleistungen.

Ob sie diese oder auch andere Möglichkeiten nutzen, hängt einmal von ihnen selbst ab, wobei es oft gerade jene Jugendlichen sind, welche nicht fähig sind, ihre eigenen Ressourcen zu mobilisieren, um sich im Sinne der Jugendhilfe selbst zu helfen. Weil es darum geht, sie "vor dem freien Fall" zu bewahren, brauchen sie ressourcenorientierende alternative Hilfs - und Unterstützungsangebote beispielsweise durch die mobile Jugendarbeit als das unterste Auffangbecken des sozialen Netzwerkes.

Straßensozialarbeit und mobile Jugendarbeit wollen junge Leute dort erreichen, wo sie sich aufhalten. Sie suchen den Lebensraum auf, den sich die Jugendlichen geschaffen haben, Straßen und Plätze. Das ist wichtig, nicht um sie aus ihrem Lebensumfeld zu reißen, sondern um sie dort in und am besten zusammen mit ihnen und ihrer Bezugsgruppe zu schützen, zu beraten und zu positiven Verhaltensänderungen zu verhelfen.

4.2.2. Die Jugendkultur der Skinheads

4.2.2.1. Kurzcharakteristik der Skinheads

Bedeutung:	Skinheads wird übersetzt als "Glatzkopf" oder "haarlos";
Entstehung:	aus der jugendkulturellen Gruppierung der „Hartmods", Mitte der sechziger Jahre in England;
Musik:	zunächst Reggae und Ska, später Oi;

Accessoires: Bomberjacken, Docs, militärische Tarnkleidung, Tätowierungen, Ketten und Ringe, Haare kurz geschoren;

Wertevorstellg.: konformistisch, Law und Order, Akzeptanz von Gewalt;

Besonderheiten: Versuche neofaschistischer Parteien, Skinheads für ihre Zwecke zu mißbrauchen (in England durch die „National Front", in Deutschland durch die FAP), dadurch Politisierung und Spaltung dieser;

Wicht. Szenen: Boneheads, S.H.A.R.P., Red Skins.

4.2.2.2. Skinheads - die historische Entwicklung

Die Jugendkultur der Skins hat eine lange historische Entwicklung und hat im Gegensatz zu vielen anderen jugendkulturellen Gruppierungen weltweit Resonanz und damit Anhänger gefunden.

Die „Ur - Skins" waren entweder Kinder aus weißen englischen Familien oder Farbige, aus dem karibischen Raum stammende Einwandererfamilien (Stürzbecher, 1994, 164 ff).

Ende der sechziger Jahre führten Wirtschaftskrise und Arbeitslosigkeit zu Langeweile, Ohnmachtsgefühlen und Aggressionen, denen sie Symbole ihrer Herkunft, der Arbeiterklasse, entgegensetzten. Aufgrund ihrer multikulturellen Herkunft spielte Ausländerfeindlichkeit in der Ur - Skinheadbewegung keine Rolle.

Später dann, in den Siebzigern, kamen in der Bundesrepublik Gruppierungen wie die „Popper", „Punker" und „Teds" auf - Strömungen, die nach kurzer Zeit von Industrie und Medien vermarktet wurden. Aggressive und gewaltbereite Punker wollten dieser eher auf Konsum orientierten Lebensweise nicht folgen und entwickelten sich, in Abgrenzung zu anderen Gruppierungen, zu Skinheads.

Mit der Verbreitung von Angst und Schrecken zur Durchsetzung der sozialen Gleichstellung der Arbeiterklasse etablierten sie sich als die sogenannten „OI - Skins". Ein anderer Teil der Punk - Szene schloß sich mit den Linken zusammen, die in der Hausbesetzerszene bekannt wurden.

Anfang der achtziger Jahre hatten sich die Skins endgültig in zwei Lager gespalten: Einmal in die Linksszene, zum anderen in eine zunächst orientierungslose Gruppierung, die von rechtsextremistischen Parteien für ihre Zwecke mobilisiert wurde.

In Abgrenzung zu ihnen formierten sich die Linksorientierten, die „Redskins". Sie bilden sich als Gegenwehr, die sich bewußt mit linken Autonomen verbünden. Eine bedeutende Untergruppe davon stellen die „Sharpskins" oder S.H.A.R.P. (Skinheads gegen Rassismus) dar, die sich 1986 gründeten und zu den Idealen der Ur - Skins zurückkehren wollen. Ihre Anhänger stellten klar: Ein echter Skin tanzt nach wie vor zu Ska und Reaggae, verprügelt aber keine Ausländer.

Schließlich gibt es noch eine Gruppe, die in der Szene als „Boneheads" bezeichnet werden, eine Weiterentwicklung der OI - Skins, die besonders brutal sind.

Somit ist vor allem die Gruppierung der Skins weit gespalten. Anhänger wie Mitläufer suchen nach Antworten auf viele offene Fragen ihres Lebens, sie grenzen sich von der Gesellschaft ab und versuchen, sich in dieser Abgrenzung selbst zu finden. Gerade weil es so viele Untergruppierungen gibt, kann von einer bestimmten Lebensphilosophie kaum ausgegangen werden. Die Gruppe der Görlitzer Skinheads ist deshalb nur ein exemplarisches Beispiel für eine Vielzahl differenzierter rechtsorientierter jugendkultureller Strömungen.

4.2.2.3. Lebensphilosophie und Werthaltungen der Görlitzer Skinheads - Glaube an Ordnung und Sicherheit

Für viele war der Entschluß, zu den Skins zu gehören, mehr nur eine Orientierung aus dem hohlen Bauch, denn links stand für langhaarige Intellektuelle, politische Opposition. Rechts hingegen für Provokation, Kameradschaft, Koma - Saufen. „Zuerst hatte man über vieles noch gar nicht nachgedacht, nur Grundvorlagen waren im Kopf, rechts zu sein war irgendwie geil" (Skinhead, männlich, 22 Jahre).

Insgesamt gilt: Vor dem Urteil kommt immer noch das Vorurteil. Skinhead - das ist ursprünglich eine Jugendkultur wie jede andere, nur haben extreme Gruppen innerhalb der

Szene selbige in ein braunes Licht gerückt. Sie insbesondere schockierten mit ihren spezifischen Symbolen aus der Nazizeit, waren gewaltbereit, trinkfest und „männlich".

Mit diesem Verhalten trafen sie die Verlierer der Gesellschaft auf der Suche nach der verlorengeglaubten Anerkennung und Selbstbestätigung, trafen sie einen sensiblen Gesellschaftsnerv. Sie erreichten damit Beachtung und flößten anderen Angst ein. Skinheads werteten alles, was deutsch war, auf: Tugenden wie Ordnungssinn, Sauberkeit, Pünktlichkeit, Gerechtigkeit wurden bemüht und hoffein gemacht, obgleich sie selbst weit davon entfernt sind. Gebaut wird auf die reine arische Rasse, und damit waren Ausländerfeindlichkeit und Haß gegen alles „Nichtdeutsche" geboren. Man ist wieder wer, die Feinde im Visier, das sind die Ideale der sogenannten „Whiteskins". Wichtig sind den Skins die "white roots".

Die Skinheads in Görlitz und anderswo sind wie die Punks ohne Illusion. Sie orientieren sich an brutaler Gewalt und besitzen eine law - and - order - Gesinnung. Sie wünschen keine gesellschaftlichen Veränderungen, sondern nur: "A better deal of it".

Ihre Lebensziele: Heiraten, einen Job haben und ein Häuschen. Allerdings gelten diese Ideale für den harten Kern der Rechten, die versuchen, an deutschen Arbeitertraditionen anzuknüpfen (arbeiten, um zu leben) und die Möglichkeiten dazu haben (Ausbildung oder Arbeit). Ihr Auftreten, ihre Anzugsordnung rufen Angst hervor. Viele der Passanten wechseln unauffällig die Straßenseite, wenn die Görlitzer Skins kommen, denn die meisten stellen äußerlich etwas dar:

➢ ihre Kleidung betont eine Karrikatur alter Dressings der Arbeiterklasse;

➢ T - Shirts aus groben Stoffen; Bomberjacken, breite Hosenträger, bis zur Wade hochgekrempelte Jeans, schwere Schnürstiefel (Doc Martens mit weißen Schnürsenkeln, bedeutet Türkenhaß) und kahler Schädel, sowie Ohrringe im linken Ohr verheißen Stärke und Kraft;

➢ Tätowierungen am ganzen Körper, zunehmend Pearcing erregen die Aufmerksamkeit, die sie wollen und brauchen;

➢ typische Accessoires stilisieren die Lebensauffassungen der Skinheads, ahmen den "Proletkult" nach;

➢ es gilt das Territorial - Prinzip (Verteidigung eines bestimmten Distrikts gegen eine ´fremde´ Gruppe), denn sie wollen aggressive Kämpfer sein, vor denen man Angst hat.

So erleben Bürger dieses Landes die genannte jugendkulturelle Gruppe der Görlitzer Skins. Wie aber erleben sie sich selbst, welches Bild haben sie von sich entwickelt, welche Zukunftsvisionen haben sie?

Sie wollen vor allem zeigen:

➢ "Ein Leben außerhalb dieser vollgefressenen, verlogenen und geistig toten Gesellschaft" (Skinhead, männlich, 28 Jahre);

➢ "Etwas gegen, aber auch für die Gesellschaft tun. Den Stolz auf mein Land öffentlich zeigen und nicht immer zu ducken vor allem, was die unfähige Regierung einem vorschreibt" (Skinhead, weiblich, 24 Jahre);

➢ "Das Gefühl zu genießen und gehaßt zu werden" (Skinhead, männlich, 23 Jahre).

Deutsch, das ist für Skins Ordnung, Sauberkeit und Fleiß. Alles in allem sind sie beseelt von einer naiven, kahlköpfigen Robin Hood - Idee, mit der für die Armen gekämpft werden soll. Allerdings nur für die deutschen Armen. Blankschädelige Rächer und Retter der Nation wollen sie sein.

Die Abhängigkeit von der Gruppe ist deshalb besonders groß, denn man würde ansonsten gegen den "Ehren" - und "Treue"kodex der Skins verstoßen, und das wird mit Prügel geahndet. Es gibt zwischen den Mitgliedern eine gewisse Hierarchie, nicht alle können bestimmen, was gemacht wird, sondern entweder die Ältesten, die, die am längsten dabei sind oder der Stärkste, vielleicht auch Brutalste unter ihnen.

Die Zukunftsvorstellungen der Skinhead - Gruppe sehen wie folgt aus:

➢   die soziale Ungerechtigkeit ist zu groß, die einen verdienen Millionen, die anderen
    haben nichts, deshalb Kampf dagegen;

➢   es gibt zuwenig Unterordnung, zuwenig Gehorsam, zuviel Emanzipationsquatsch,
    Frauen kümmern sich zuwenig um die Familie, die Männerrolle muß wieder aufge-
    wertet werden;

➢   es ändert sich nichts, weil es zuviel lasche Typen gibt (Linke, Ökos, Punks, Homos),
    deshalb Ausschaltung dieser mit welchen Mitteln auch immer;

➢   Wesentlicheres muß zum Lebensziel werden wie z.B. Gemeinschaftsgeist, Kame-
    radschaft, Teilen mit den Kameraden.

Skinheads sind in ihrer Jugendkultur nicht so offen wie beispielsweise Punks. Es kann
zwar jeder zu ihnen kommen, aber bestimmte Gruppenrituale, Kleidungsstile und Auffassungen müssen gezeigt werden, um in der Gruppe aufgenommen und ernst genommen zu
werden. Die politischen Haltungen sind bei den meisten wenig stabilisiert, oft latent, sie
werden dann mobilisiert, wenn es notwendig ist (z.B. bei Auseinandersetzungen mit Ausländern oder anderen Zielgruppen).

Die Gruppe der Skinheads wirkt durch ihr Aussehen und ihre vermeintliche Stärke. Deshalb räumen andere jugendkulturelle Gruppierungen eher das Feld, überlassen den Skins
zwar nicht bereitwillig und kampflos den Raum, halten sich aber lieber zurück, provozieren also nicht unbedingt die offene Auseinandersetzung. Deshalb ist deren Raumaneignung und - besetzung verschieden von denen der Punks, wie wir sie bei den Chemnitzer
Bunten beobachtet haben.

4.2.2.4. Der Weg einer Skinhead - Gruppe durch den Görlitzer Raum

Ebenso wie bei den Punks in Chemnitz soll die Raumbesetzung der Skinheads in Görlitz
nachgezeichnet werden, um die territorialen und gruppenspezifischen Besonderheiten her-
ausarbeiten zu können. Für beide Jugendkulturen trifft zu, daß sie sich ihre Räume selbst
erobern mußten, sie besetzt halten, denn sie konnten zunächst nicht auf kommunale Un-
terstützungen zurückgreifen.

Der Weg der Görlitzer Skins beginnt bereits kurz nach der Maueröffnung 1989. Görlitz ist die östlichste Stadt der Bundesrepublik, liegt an der Neiße und ist Grenzstadt zu Polen. Es ist zudem eine geteilte Stadt, denn ein Drittel von ihr befindet sich in Zgorcelec auf polnischem Territorium. Görlitz hat heute ca. 68 000 Einwohner und zählt somit zu den größeren Mittelstädten Deutschlands.

Die Grenzlage der Stadt, die den „reichen Westen" vom „armen Osten" trennt, ist von vornherein für die Ausbildung rechtsorientierten Gedankenguts prädestiniert. Im Dreiländereck zwischen Tschechien, Polen und Deutschland treten die Gegensätze offener als anderswo zutage.

Die billigen Arbeitskräfte aus Osteuropa finden vermeintlich hier schnell Arbeit und nehmen Jugendlichen die eng begrenzten Ausbildungs - und Arbeitsplätze weg. Bereits im November des Wendejahres kam es an der deutsch - polnischen Grenze zu offenen Auseinandersetzungen zwischen jugendlichen Gruppierungen. Dabei wurde das Auto einer polnischen Familie und deren Insassen beschädigt.

Nach ähnlichen Vorfällen unter ausländerfeindlichen Vorzeichen gab es Aussprachen zwischen Jugendlichen der rechten Szene, Vertretern des Stadtparlamentes und des Jugendamtes. Die Auseinandersetzungen indes hielten unvermindert an, in Diskotheken, auf öffentlichen Plätzen und Straßen wehrten sich rechts orientierte Jugendliche gegen Ausländer, gegen linke Gruppierungen und alle, die in den engen Rahmen ihrer Ideologie nicht hineinpaßten.

Bald gab es Schlägereien, bald Überfälle auf das Asylantenheim, dann wieder gezielte aggressive Kollisionen. Zudem erprobten die Görlitzer Skins demonstrativ ihre Stärke, provozierten und dokumentierten ihre Härte. Sie fielen auf im Straßenbild und riefen Ängste hervor.

Dieses Verhalten bewog die Stadtväter, schnell zu reagieren, so daß den sogenannten auffälligen Jugendlichen bereits Mitte 1991 ein Gebäude in der Kränzelstraße 25 zur eigenen

Nutzung übergeben wurde. Eigentlich sollte es eine Begegnungsstätte für alle Jugendlichen, gleich welchen Alters und welcher politischer Einstellung, werden, ein „Haus der Begegnung". Dieses Ziel konnte wie so vielerorts nicht realisiert werden, denn sehr schnell besetzte die rechte Szene das Gebäude und machte unmißverständlich klar, wer die Herren im Hause sind. Die rechts orientierte Gruppe wurde in das „Aktionsprogramm gegen Aggression und Gewalt" einbezogen, welches zunächst für drei Jahre vom Bundesministerium für Frauen und Jugend in sozialen Brennpunktregionen aufgelegt wurde. Man wollte mit niedrigschwelligen Angeboten und akzeptierender Jugendarbeit versuchen, Gewalt abzubauen.

Die Stadt wollte vor allem Ruhe haben, scheute weitere offene Auseinandersetzungen und baute das Haus, welches sich im historischen Renaissance - Stadtkern befindet, mit erheblichen Kosten (ca. 1 Mio. DM) aufs feinste aus. Eingebettet in das Flair der Altstadt, bot es den Jugendlichen anfangs eine ruhige und narrenfreie Atmosphäre. Infolge der komplexen Renovierung des Gebietes in der Kränzelstraße zogen Anwohner in die anliegenden sanierten Wohnungen ein, so daß die Gruppe in ihrer einseitigen räumlichen Freizügigkeit eingeschränkt wurde.

Es kam wie es kommen mußte, die Anwohner beschwerten sich, warfen der Stadt vor, daß sich gewaltbereite rechte Jugendliche in das Haus einquartiert hatten. Schnell meldeten sich andere jugendliche Gruppierungen, die ihrerseits räumliche Ansprüche stellten. „Was die Rechten können, das wollen wir auch" (linker Autonomer, männlich. 19 Jahre). Die Aggressionsbereitschaft nahm erwarteterweise zu, als in unmittelbarer Nähe der Kränzelstraße ein Klub für linksorientierte Jugendliche eröffnet wurde.

Damit etablierte sich auch in der Stadt Görlitz das heute fast schon gewohnte Bild - die Freizeittreffs sind durch differenzierte jugendkulturelle Strömungen besetzt. Man stützt sich zur eigenen Existenzsicherung auf ein bestimmtes Klientel und erreicht damit, zumindest vorübergehend, kommunale Zuschüsse und Leistungen. Diese Territorialisierung und Aufteilung scheint am ehesten dazu geeignet zu sein, formal Ruhe vor Auseinandersetzungen zwischen verschiedenen Gruppierungen in der Stadt herzustellen.

4.2.2.4.1. Die Entwicklung der Skinheads und der Verdrängungsprozeß aus dem ökologischen Zentrum

Wie auch immer die skizzierte Territorialisierung bewertet wird, auch die Görlitzer Skinheads mußten sich ihre Räume erobern, probten offene Auseinandersetzungen und veranlaßten dann die Stadtväter, ihnen geeignete Räume zur Verfügung zu stellen.

Die Gruppe bestand in ihren Anfangsjahren (1989/1990) aus ca. 30 Jugendlichen unterschiedlichen Alters (zwischen 14 und 29). Die meisten von ihnen wohnen im Stadtteil Königshufen, dem größten Neubaugebiet der Stadt mit typischer ostdeutscher Prägung. In diesem Stadtteil leben 20.300 Einwohner, der Anteil Jugendlicher beträgt 32,8%.

Die jetzt ca. 25 Mitglieder der Gruppe haben eine differenzierte Schulbildung: 3 von ihnen haben keinen Abschluß, 4 den Hauptschul - , 11 den Realschulabschluß und weitere 3 das Abi- tur. Die übrigen, meist Mädchen, besuchen noch die Schule. Obgleich die Lebensphilosophie des rechtsextremen Kerns in solider Arbeit und Leistung besteht, können das viele von ihnen nicht einlösen, denn allein 6 der Gruppe sind zur Zeit arbeitslos und 2 haben die Lehre geschmissen.

Die Jugendarbeitslosigkeit in der Stadt liegt bei 27% und die des Umlandes ist noch höher. Viele der jungen Görlitzer wollen auch deshalb die Stadt verlassen, nur ein Drittel der 14 bis 27jährigen möchte bis an ihr Lebensende hier wohnen. Zu aussichtslos erscheinen gute Ausbildungs - und Arbeitsmöglichkeiten.

Die Elternhäuser sind oft mit den heranwachsenden und auf Gewalt ausgerichteten Kindern überfordert, Leitbiographien können sie aufgrund eigener Arbeitslosigkeit nicht vorgeben. Zwei Jugendliche wurden von ihren Eltern sexuell mißbraucht und nicht wenige mußten selbst Schläge einstecken. 17 Jugendliche der Gruppe haben selbst mit den Eltern gebrochen oder wurden aus dem Haus gewiesen, weil Eltern und Kinder keine gemeinsame Verständigungsbasis mehr fanden.

Der Verdrängungsprozeß aus dem ökologischen Zentrum hat bei diesen Jugendlichen also früh stattgefunden, so daß Entfremdung und emotionale Kühle vorherrschten. Nicht zufällig deshalb und überraschend suchten sie sich eine Gruppe, die ihnen Halt gab, wo Kameradschaft und gegenseitiger Beistand besondere Werte darstellen. Gerade bei den Skinheads fallen sie mit dem Bedürfnis auf gegenseitige Unterstützung und Gruppenzusammenhalt auf fruchtbaren Boden.

Einige der rechten Jugendlichen berichteten, daß sie sich von ihren Eltern ungerecht behandelt fühlten und in der Vergangenheit und gegenwärtig auf der Verliererseite standen und stehen. Sie sprangen besonders motiviert auf den Zug der rechten Szene auf, wollten sie es sich und anderen doch zeigen, wie stark und gefährlich sie in der Gruppe der Skinheads sind.

4.2.2.4.2. Die Verdrängung der Skinheads aus dem ökologischen Nahraum

Auch diese Jugendkultur eroberte sich nach und nach mit zunehmendem Alter den ökologischen Nahraum. Der bestand 1990, was Freizeiteinrichtungen in Königshufen betrifft, aus ganzen zwei Jugendklubs mit geringen zeitgemäßen Angeboten und zwei Gaststätten. Die gebotenen Möglichkeiten wurden schnell genutzt.

Die Besonderheit gegenüber der Chemnitzer Szene: die beiden Jugendklubs bestehen noch immer, wurden zwar renoviert, aber nicht vorübergehend geschlossen, um unliebsames Klientel loszuwerden und drei weitere Klubs sind hinzugekommen.

Dennoch ist auch die Gruppe der Skins aus dem ökologischen Nahraum verdrängt worden und zwar nicht durch Sanierungen, sondern durch Hausverbot. Durch fortwährende gewaltorientierte Auseinandersetzungen zogen sie sich letztlich selbst den Boden dieser Zone unter den Füßen weg.

Daß es gelang, die rechte Szene auszuweisen, ist hervorhebenswert, denn allzuoft ziehen die Ordnungshüter den kürzeren, setzen sich die Skinheads durch und flößen anderen Gruppen Angst ein, die sich dann zurückziehen.

Letzteres praktizierte dann ja die Görlitzer Skinhead - Gruppe auch. Gewalttätige Auseinandersetzungen, kriminelle Straftaten und Überfälle auf Andersdenkende führten dazu, daß die Stadt relativ frühzeitig reagierte und ihnen ein Haus zur eigenen Nutzung im ökologischen Ausschnitt übergab.

Hier schufen sie gleich klare Fronten, niemanden als rechtsorientierten Jugendlichen wurde Zugang gewährt. Sie wollten um keinen Preis ihr Revier verlassen, hatten sie hier doch die Möglichkeit, ihren Interessen relativ ungestört nachzugehen.

Die Gruppe besetzte dieses Haus mit ihren Mitteln, die Wände wurden mit neonazistischem Material dekoriert, und jeder, der nicht die entsprechende Einstellung hatte, wurde vertrieben. Wenn das nicht verbal geklärt werden konnte, dann wurde auch offene Gewalt angewandt.

Für normale Jugendliche war kein Platz und schon gar nicht für andere jugendkulturelle Strömungen. So ist es bis heute, sie verteidigen ihr Revier und lassen keine Zweifel aufkommen, daß nur ihnen das Haus gehöre.

Der Unterschied zur Chemnitzer Punk - Gruppe besteht insbesondere darin, daß sich die Görlitzer Skinheads nicht hin - und herschieben ließen, daß sie unter Umständen auch mit Gewalt ihr Territorium verteidigen. Ihr Gruppenzusammenhalt ist weitaus stärker, die Solidarität untereinander besonders groß.

„Ein echter Skinhead läßt seinen Kumpel nicht im Stich und kämpft für ihn sogar mit dem eigenen Leben" (Skinhead, männlich, 20 Jahre).

Die Gruppe ist noch heute zusammen, Zersplitterungen und Abspaltungen zwischen den verschiedenen Strömungen hat es zwar gegeben, aber bereits vor der Hausbesetzung. Ab und an finden sich die Skinheads an der ökologischen Peripherie, wenn sie ihre Kumpel in Mainz und Wiesbaden besuchen. Das sind Gleichgesinnte, bei denen aber alles etwas schärfer organisiert ist und die mehr durchschlagen.

„Die Mainzer und die Wiesbadener - Vorbild direkt nicht. Aber die Leute haben eine ganz andere Stimmung in die Truppe reingebracht. Die sind da drüben eben viel krasser, viel radikaler" (Skinhead, männlich, 22 Jahre).

Das Haus in der Kränzelstraße wurde, wie bereits hervorgehoben, von der Stadt in großem Stil saniert, man fürchtete wohl noch größere gewalttätige Auseinandersetzungen und wollte vor dieser Gruppe endlich Ruhe haben.

Um diesen Preis und der Angst, weitere Streitereien zwischen rivalisierenden Jugendkulturen zu provozieren, grenzte man andere junge Menschen aus. Man hörte, wie so oft, auf das laute Schreien und übersah das leise Klagen Normaljugendlicher, die sich nicht so lautstark durchzusetzen wissen.

4.2.2.5. Die Nachzeichnung der Raumaneignung durch die Görlitzer Skinheads

Es können folgende Schritte in der Raumaneignung resümiert werden:

1. Verlassen des ökologischen Zentrums, die freiwillige oder erzwungene Ablösung vom Elternhaus;

2. zunächst Eingliederung in zwei verschiedene Jugendklubs im ökologischen Nahraum;

3. Hausverbot in beiden Klubs wegen gewalttätiger Auseinandersetzungen und damit Ausgliederung aus dem Nahraum;

4. Besetzung des ökologischen Ausschnittes, indem es ihnen gelang, Räume anzueignen, die ausschließlich für bestimmte jugendkulturelle Stile zur Verfügung stehen.

Der Weg führte also vom ökologischen Zentrum (Familie), der Verdrängung aus dem ökologischen Nahraum (Hausverbot in Jugendklubs) zum ökologischen Ausschnitt, den sie nun nicht mehr freiwillig verlassen.

Abbildung 3: Der Weg der Görlitzer Skinheads durch die ökologischen Zonen

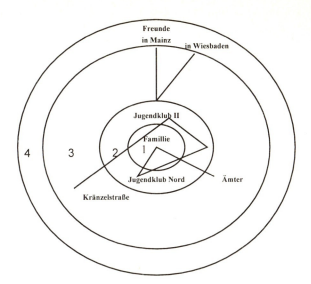

1 Ökologisches Zentrum
2 Ökologischer Nahraum
3 Ökologische Ausschnitte
4 Ökologische Peripherie

Sie praktizierten demzufolge keine Teil - Aneignung von Räumen auf Zeit oder eine Umdefinition von Räumen, wie es die Chemnitzer Bunten mit der Zentralhaltestelle betrieben,
sondern besetzten ein Haus, was für alle Jugendlichen gedacht war, aber von diesen nicht
verteidigt werden konnte. Diese Gruppe hat sich gegenüber anderen jugendkulturellen
Strömungen durchgesetzt und behauptet sich.

Jedenfalls ist die Görlitzer Welt aufgeteilt auf die einzelnen Jugendkulturen, dort die Linken, da die Rechten, Königshufen halten die Hipp Hopper besetzt, und jeder in der Stadt
kennt diese Endgültigkeiten! Die Reviere sind abgesteckt und werden mehr oder weniger
stark verteidigt. Es ist ein ständiger Kampf um die Erhaltung von Plätzen und Räumen,
denn die Aufteilung ist abgeschlossen, jetzt geht es um die Bewahrung dieser.

Bevor das Raumverhalten von jugendlichen Gangs analysiert wird, bei denen es nicht nur um Bewahrung bestimmter Territorien geht, sondern um existentiellen Kampf zur Sicherung von Hoheitsgebieten, sollen Gangs entsprechend ihrer Spezifik und Organisationsstruktur charakterisiert werden.

5. Jugendgangs im sozialökologischen Raumbezug

5.1. Jugendgangs - Begriff, Spezifika, Entwicklung

Jugendgangs, wie wir sie bereits seit den 20er Jahren dieses Jahrhunderts in den Vereinigten Staaten kennen, sind in Deutschland bisher kaum verbreitet. Allerdings beobachten wir Gangs im Westteil Deutschlands verstärkt seit den achtziger Jahren, erinnert sei beispielsweise in Berlin an die "Simsekler" oder die "Rambo - Boys". In der Hamburger Vorortschlafstadt Billstedt sind es die "Champs" und im St. Pauli - Kiez die "Streetboys" (Farin & Seidel - Pielen, 1993, 26).

In den neuen Bundesländern beginnt deren Entwicklung, insbesondere in großstädtischen Ballungsgebieten mit hoher Bevölkerungsdichte. Vorzugsweise in Wohngebieten mit hoher sozialer Segregation, homogener, sozial schwacher Einwohnerstruktur und einem subtilen Netz von Hinterhöfen, Industrieanlagen oder leerstehender alter Bausubstanz entwickeln sich erste jugendliche Gangs.

Gang ist ein Begriff, der übersetzt zunächst nicht mehr und nicht weniger als Bande oder Clique bedeutet. Das können lose oder festere Verbindungen von Kindern und Jugendlichen sein, die sich zusammenschließen, um gemeinsam etwas zu unternehmen. Was sie unternehmen, kann unterschiedlich sein, von gemeinsamen Freizeitbeschäftigungen bis zu kriminell organisierten Handlungen reichen (Taylor, 1993, 14). Was getan wird, hängt von der jeweiligen Gruppe ab, deren Organisationsgrad und den Gruppenzielen. Insofern können Gangs offene, informelle Gruppen sein, ebenso sind geschlossene, formelle Gruppen denkbar.

Die Auffassung legt nahe, daß Jugendkulturen unter spezifischen Bedingungen mit Gangs vergleichbar sind und eigentlich davon auszugehen ist: nicht kriminelle und nicht streng hierarchisch gegliederte Gangs sind von jugendkulturellen Gruppen nicht wesentlich unterscheidbar. Diese vermutlich gewagte Hypothese wird in den nachfolgenden Ausführungen begründet werden.

Gangs sind in einem spezifischen Raum agierende, oft auf ein Territorium begrenzte homogene oder auch heterogene Gruppen. Sie besetzen in der Regel ein bestimmtes Gebiet, beispielsweise einen Wohnkomplex in Neubausiedlungen, und grenzen es anderen gegenüber ab. Zäune, Mauern, Gräben, Graffiti können als Markierungen des besetzten Raumes dienen.

Ebenso kann es zur Herausbildung von Einflußzonen und Gebietsgrenzen kommen, die weder ausgeschildert noch dem Stadtvermessungsamt bekannt sind. Ziemlich fest steht nur, wo Gangs leben, zieht es keinen hin, will keiner wohnen.

Es ist eine transfamiliale soziale Organisation, die ethnische Gruppen und Cliquen einschließen kann. Oft bilden sich durch den Zuzug gleicher ethnischer Gruppen in das Wohngebiet Nachbarschaftsquartiere. Deshalb ist es eine Folge ethnisch homogener Wohngegenden, daß sich auch ethnisch homogene Straßenbanden Jugendlicher bilden.

Dennoch kann die Zusammensetzung der Gangs teilweise homogen, teilweise auch heterogen sein. Da gibt es sogenannte reine ethnische Minderheiten, die meist in einer Nachbarschaft wohnen, die zu einer Gang gehören, z.B. Schwarze, Weiße oder Latinos. Und es gibt gemischte Gangs, die arabisch - latinisch sind oder schwarz und latinisch. Häufiger sind homogene Strukturen anzutreffen.

Gangs sind jedoch kein reines Rassenproblem, es gibt genauso weiße Gangs, die allerdings im Durchschnitt zu den ärmeren Bevölkerungsschichten gehören. Desweiteren gibt es männliche Gangs (Male Gangs) und weibliche Gangs (Female Gangs), genauso existieren aber gemischte Strukturen, in denen Mädchen und Jungen zusammen arbeiten.

Der einzigen Gruppe, der sie vertrauen, ist deshalb die eigene. Jeder jenseits dieser, eingeschlossen die Mitglieder der eigenen Nachbarschaft oder anderer Gangs, erscheinen als Außenseiter und damit als potentielle Opfer.

Weil der Staat den Einwanderern keinen Schutz bietet, nehmen sie menschliche Beziehungen zu Nachbarn auf, die in demselben nicht durchschaubaren Kampf stehen.

Allerdings ist das Leben komplizierter geworden, und ein kniffliges Geflecht weiträumiger Beziehungen unterminiert die Bedeutung der Nachbarschaft.

Auf die Mehrzahl der Gangs treffen die folgenden Bedingungen zu:

1. lokal organisierte, meist homogene Gruppen, die meist ihr Territorium besetzen,

2. internale Strukturen, eingeschlossen Führerschaft und Rollenzuweisung,

3. relativ stabile Mitgliedschaft mit Ein - und Austrittsregeln,

4. einheitliches Outfit in der Kleidung, gleicher Graffittistil, Verwendung spezieller Formen der verbalen und non - verbalen Kommunikation,

5. Namensgebung, die gut zu ihrem äußeren Erscheinungsbild paßt, oder es spielt die Identifikation mit den Wohngebieten oder Herkunftsländern eine Rolle.

Gangs identifizieren sich in der Regel nicht mit den dominanten Werten und Normen der Gesellschaft und bilden deshalb eine neue gesellschaftliche Kultur mit eigenen Regeln des Zusammenlebens.

So verstehen sich viele Gangmitglieder als Krieger, die ihre Nachbarschaft, ihre Gesellschaft, ihre Kultur und ihr Leben, wie sie es für richtig halten, gegen Eindringlinge schützen und bewahren wollen. Gangs bieten ebenso Schutz. Schutz vor Risikolagen, und sie geben physische und psychische Sicherheit, die man weder in der Schule noch zu Hause finden kann.

Zwar leiden Kinder im Gangland unter Entbehrungen aller Art: Dürftiges Essen, erbärmliche Wohnungen, die Eltern überlastet und zerstritten. Dafür bekommen diese Kinder, was die anderen nicht haben, nämlich Wirklichkeit. Hier haben sie das wilde Mittelalter, das sie lieben, vor der Tür.

Sie leben in einer mittelalterlichen Welt, denn Gangland mit seinem komplizierten Tribalismus ist eher feudal aufgebaut als modern und städtisch. Der Treffpunkt einer Gang, ihr „hang out", entspricht der Ritterburg. Von hier aus herrschen die Gangleader wie die alten Barone. Sie wachen darüber, daß die Konkurrenz draußen bleibt.

Trasher (1927) und andere gehen sogar noch weiter und meinen, Gangs sind gesellschaftliche Daseinsformen, die sich anderen gegenüber dadurch auszeichnen, daß sie den höchsten Grad an Ursprünglichkeit besitzen, spontan und elementar sind. Ihre Bildung scheint einem angeborenen Instinkt zu folgen.

Nach umfänglichen Studien in den USA innerhalb eines fünfmonatigen Forschungsaufenthaltes kann dieser Behauptung unter den heutigen Bedingungen kaum zugestimmt werden. Denn Gangs mit dem heutigen Organisationsgrad und der Mobilität bilden sich nicht zufällig, aus Spaß an der Freude oder aus einem angeborenen Instinkt heraus, sondern aus dem lebensnotwendigen Existenzkampf auf der Straße.

Ihr einziger Daseinsgrund ist der Wille der koalierenden Einzelnen, beim Verteilen der Beute nicht zu kurz zu kommen. Immer geht es um Posten, Pfründe, Macht.

Neben der Sicherung des Lebens ist es wichtig, immer unterwegs zu sein, in Bewegung zu bleiben. Sie brauchen daneben kein bestimmtes Ziel, jedes erfüllt seinen Zweck. Das Rumhängen, das Leben im unbefristeten Wartestand ist ihre meist angestrebte oder gezwungene Daseins - und Existenzform.

Die Jungen in den Slums hungern nach Abenteuern, ebenso wie die Erwachsenen, sie stehen vor dem Problem, wie man den richtigen Nervenkitzel findet, um der Monotonie zu entkommen.

Deshalb können sie alles, nur nicht stillsitzen, zuschauen ist eine Qual für sie. Sie müssen mitmachen und sich einbringen, sie besitzen ein starkes Bedürfnis nach physischer Aktivität. Einander quälen und einander beim Quälen zuschauen ist deshalb oft ein bevorzugter Zeitvertreib.

In Gangs finden viele ihrer Mitglieder einen Familiensinn, einen Schutzraum, indem man Verständnis bei individuellen Problemen finden kann. Durch Vertrauen und Verständnis entsteht Loyalität, die der Gruppe Stabilität verleiht.

Identität, Loyalität und Stabilität verleiht auch gemeinsame Kleidung, die sich entsprechend der spezifischen Gangart voneinander nach Farben und Stil unterscheidet. Allerdings haben nicht alle Gangs ein gemeinsames Outfit. Gangmitglieder, die arm sind, können sich oftmals keine einheitliche Kleidung leisten. Andere Gangs wiederun geben sich aus Sicherheitsgründen kein gemeinsames Äußeres.

Nicht nur Kleidung und Accessoires vermitteln Identität, auch die Namensgebung. Einige häufige Namen sollen genannt werden: „Seven Mile Dogs", „Latin Jivers", „Spanish Cobras" oder „Simon City Royals".

Für die Existenz der Gangs spielt die Musik eine ebenso dominante Rolle wie bei jugendkulturellen Strömungen. Die Musik ist das Wasser, auf dem die Boote schwimmen, könnte gesagt werden.

Insbesondere Formen des Hip Hopp und Rap werden bevorzugt und zwar deshalb, weil sie Probleme dieser Schichten aufgreifen und ein Sprachrohr für sie sind. Diese Musikart paßt zudem besser zur alltäglichen Härte der Gangs als die weiche, eher tanzbetonte Musik, die die Raver bevorzugen.

5.1.1. Entstehungshintergründe von Gangs in den USA

Die Entstehung von Jugendgangs ist vor allem aus der historischen Entwicklung der USA erklärbar. Sie zeigt, wie auch Gangs in Deutschland entstehen können.

Die Geschichte der USA ist verbunden mit der Entwicklung von der agrarwirtschaftlichen zur industriellen Gesellschaft. Von 1900 bis zur Mitte der 30er Jahre hatten insbesondere die Industriestädte ein drastisches Wachstum der Bevölkerung zu verzeichnen.

Immigranten füllten die Ghettos von New York und anderen Städten im frühen 20. Jahrhundert mit Gruppen junger Leute in ihren spezifischen Nachbarschaften. Die Arbeit für Ungelernte war ein Anziehungspunkt für viele ethnische Gruppen, die ihre Sprache und Kultur beibehielten.

Der Druck der heimatlichen Werte und Traditionen im Kampf gegen die Vorurteile ihrer neuen Umgebung forcierte die Verbundenheit der Immigranten, so daß viele Städte im frühen 20. Jahrhundert ein klassisches Beispiel der ethnischen Segregation repräsentierten.

Später beeinflußten Jugendkulturen wie die Hippies, die flower children und die Black Power Movement das traditionelle Amerika. Die soziale Kontrolle begann in den späten 60ern an Effektivität zu verlieren. Die einst mächtigen Kirchen verloren in dieser Zeit an Bedeutung. Die Schul - und Erwachsenen - Autoritäten wurden durch die Kinder und deren Eltern erschüttert.

In den 70ern war die ökonomische Lage in den USA schlechter denn je. Um 1970, in der Zeit hoher Arbeitslosigkeit und zurückgehenden wirtschaftlichen Wachstums, hatte sich die Stimmung unter den ethnischen Minderheiten geändert: Spanisch oder schwarz zu sein war nicht länger Quelle von Scham.

Die Jugend erkannte die sozialen Disparitäten hinsichtlich der Ungleichheit der Arbeit und Ausbildung, der gesundheitlichen Versorgung, der Klassenlage und sozialen Verschiedenheit. Die ökonomische Situation, der Mangel an Arbeit wurde in der Steigerung der

Kriminalität und im Anwachsen höherer Organisationsformen der Gangs reflektiert.

Die Konsequenz: Die städtischen Jugendgangs haben die Haupterwerbsquellen gegen territorial besetzte Gebiete eingetauscht. Es entstanden "besetzte" Städte - besetzt von den Gangs, die den "Krieg" anderen Gruppen außerhalb ihres Territoriums ankündigten. Sich rivalisierende Gangs kämpfen heute um Ruhm, Ehre und Kontrolle über ihre definierten Hoheitsgebiete.

Das politische Bewußtsein ist bei allen Gangs oberflächlich oder nicht vorhanden, und die Koalitionen, die geschlossen werden, sind nur von kurzer Dauer. Eines eint jedoch alle Gangs: Die Kriegserklärung an die amerikanische Mehrheitsgesellschaft und die eigene Elterngeneration.

Gangs sind eine Möglichkeit, daß sich Jugendliche ohne Kontrolle und unabhängig von administrativen Vorgaben organisieren, um so leben zu können, wie sie wollen. Sie wollen nicht viel mehr, aber auch nicht weniger als ein Leben wie das der Mittelschicht.

5.1.2. Organisationsformen jugendlicher Gangs

Ganz im Unterschied zu Jugendkulturen haben Gangs meist eine geschlossene und hierarchisch gegliederte Organisationsstruktur, in denen der Platz jedes einzelnen bestimmbar ist. Alles in allem steckt hinter der Jagd nach Erfolg und Anerkennung die Angst vor sozialer Ächtung und Deklassierung. Wer sich nicht fügt, wird verstoßen, und Entzug der Mitgliedschaft kann Tod bedeuten.

Obgleich Gangs vielfach eine eigene Gesellschaft kreieren, entspricht ihre Organisation gültigen gesellschaflichen Formen: denen der Familie, des Betriebes oder auch militärischer Formen.

Die Familienstrukturen sind teilweise evident in gemischten Geschlechtergangs, wo männliche und weibliche Führer die Leitung übernehmen. Ihre Rechte zur Disziplinierung der Mitglieder ist der Egoismus. Die gebotenen Normen und Vorschriften werden ungefragt akzeptiert. Denn hier gilt besonders: Wenn der Boß schwach wird, wird das Rudel mutig.

Andere Gangs operieren nach dem Modell einer Gesellschaft (Körperschaft) mit Präsident, Vize - Präsident und Sprecher. Ihr Territorium ist als Geschäftsbereich festgelegt, und hier verkaufen sie Drogen, gestohlene Fahrzeuge, üben Betrug und Prostitution aus. Ihr Gebiet ist geschützt gegen das Eindringen anderer Gruppen, um Profit aus dem gleichen Gebiet zu verhindern.

Wieder andere haben militärische Führer, die verantwortlich sind für die Beziehungen zu anderen Gangs, die ihnen gegenüber unter bestimmten Umständen den Krieg erklären und die Waffen übernehmen.

Ein Beispiel für eine militärische Organisation einer Gang ist in Abbildung 4 zu finden. Es ist die sogenannte „Seven Mile Dogs", eine Corporate Gang aus Detroit, die neben dem eigentlichen Führer eine rechte Hand hat (Rigth Hand Man) und eine Hierarchiestufe darunter vier Leutnants. Unter ihnen stehen weitere Gefolgschafter: zwei „Enforcer" (Durchsetzer) und eine Autowaschanlage.

Die Angaben, die durch die städtische Polizeibehörde von Detroit ermittelt wurden, sind sehr genau und differenziert. Sie enthalten neben dem Namen die Rasse (B = black/ schwarz), das Geschlecht (M = male/männlich), die Körpergröße (Beispiel: 5′11′′, 5 Fuß und 11 Zoll = ca. 1,79 m) und das Gewicht (Beispiel:168 lbs, Pounds/englische Pfunds = ca. 76 kg). Es handelt sich hier um eine homogene Gang (Afroamerikaner, Männer), deren Mitglieder sich im Altersbereich zwischen 16 bis 41 Jahren bewegen.

Abbildung 4: Aufbau der „Seven Mile Dogs"[1]

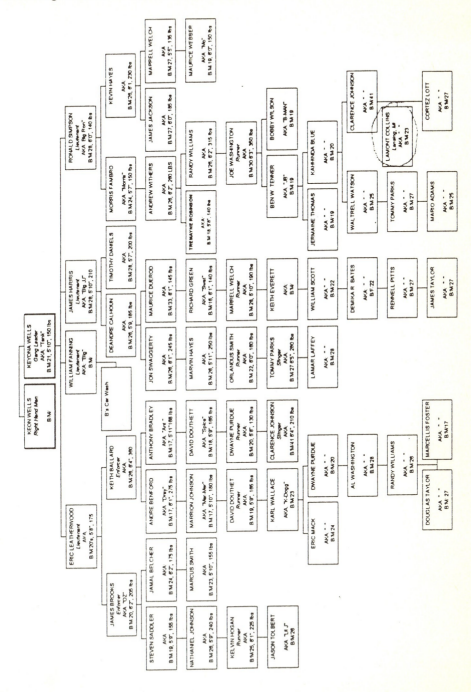

[1]Quelle: Polizeirevier Broxton/Martin der Stadt Detroit, Revised 08/07/97. PER - DEA Intell, Group 2;

Insgesamt ist es ein umfassendes wie flexibles System von Abhängigkeiten, das selbst den Ärmsten Vorteile verspricht, denn unter Gangverhältnissen ist sogar das Lumpenproletariat ein umworbener Machtfaktor. Auch für jugendliche Nichtsnutze und Herumtreiber fallen ein paar Brocken ab. Deshalb bleibt ihnen nichts anderes übrig als mitzumachen, entweder auf der einen oder auf der anderen Seite, wenn sie nicht untergehen wollen.

5.1.3. Aufbau einer Gang

Die Herrschaft erscheint häufig als Einmannbetrieb, sie ist immer zugeschnitten auf den Mann an der Spitze. Aber selbst in der simplen Urhorde kann der Oberste den ganzen Verein nur kontrollieren, wenn er hierarchisch gegliedert ist. Der Anführer braucht daher, wenn er sich behaupten will, die Gruppe der nächst starken Untergebenen. Sie helfen ihm, sie stützen seine Position, denn sie „wachen gegenüber den minder starken ebenso eifersüchtig über ihre Vorrechte wie ihnen gegenüber der Patriarch" (Horkheimer, 1987, 287).

Befehlsgewalt und Vorrechte hat, wer die Schlüsselpositionen besitzt. Die Einzelnen können das nur als Mitglieder einer Gruppe, und jede Gruppe setzt alle anderen voraus. Der Aufbau der Gang besteht in einem abgestuften System von Untergruppen mit unterschiedlichem Anteil an Vermögen und Macht. Übrigens ist dieses Schema durchaus auf das zivile Leben reproduzierbar, klaglose Unterwerfung und voller Einsatz werden verlangt.

Der Aufbau einer Gang besteht aus vier hierarchisch gegliederten Ebenen:

Hardcore (der harte Kern): er besteht etwa aus 5 - 10% der Mitglieder. Sie sind am längsten dabei, frequentieren immer wieder das Gefängnis, sind oft arbeitslos und mit der Verteilung oder dem Gebrauch von Drogen beschäftigt. Das Durchschnittsalter ist Anfang bis Mitte zwanzig, kann aber auch jünger oder älter sein. Sie haben den größten Einfluß in der Gang.

Regular Members (reguläre Mitglieder): Durchschnittsalter 14 - 17 Jahre alt. Sie sind in der Gang gut eingeführt und unterstützen den Hardcore. Wenn sie lange genug involviert sind, können sie zum harten Kern aufsteigen.

Associates or „want to be's" (Verbündete oder „Möchtegerns): Durchschnittsalter 12 - 17 Jahre alt. Es sind die Jüngsten, die nicht offizielle Mitglieder in der Gang sind, diese aber bewundern. Sie beginnen sich im Outfit der Gang zu kleiden, treiben sich im besetzten Territorium herum und benutzen die Graffiti - Zeichen der Gang.

Potentials or „could be's" (Potentielle): sind die Jüngsten, die vom Alter her in die Gang eintreten könnten, die in einem Gang - Gebiet wohnen oder die Familienmitglieder in der Gang haben. Die Potentiellen haben die Alternative zur Wahl, einzutreten oder nicht. Im allgemeinen ist es jedenfalls leichter, in eine Gang zu kommen als auszutreten. Dennoch gibt es genügend Gangs, die so gefragt sind, daß bestimmte Kriterien erfüllt werden müssen.

Diese Eintrittsregeln unterscheiden sich zwischen den einzelnen Gangarten. In der Regel gehört zum ersten Beitrittsritual bei Jugendgangs, daß der Neuankömmling eine Tracht Prügel ohne Gegenwehr über sich ergehen läßt. Er muß die Schläge und die Demütigungen wegstecken können, er darf nicht wehleidig, übelnehmerisch oder gar nachtragend sein. Er darf also weder Stolz besitzen noch Gedächtnis, vor allem aber keinen Haß.

Beispielsweise müssen neue Bandenmitglieder bei der chinesischen Geheimgesellschaft der „Großen Brüder" schwören: Nach dem Passieren des Hung - Tors (Synonym für Aufnahmeritual) muß ich jeden Groll, den ich gegen meine Schwurbrüder vorher hegte, vergessen (von Freiberg/Thamm, 1992, 12). Wenn das nicht so wäre, wäre zu befürchten, daß jener die neue Position zum Begleichen alter Rechnungen nutzt. Wer drin ist, soll schon vergessen haben, wie man ihn behandelt hatte, als er ein Außenstehender war.

Neben körperlich akzentuierten Eintrittsritualen, die bei bcstimmten Gangarten bestimmend sind, können bei anderen Gangs kognitive Aufnahmerituale wichtiger sein. So können neue Mitglieder hinsichtlich ihres Wissens oder anderer geistiger Kompetenzen geprüft und als würdig empfunden werden oder nicht. Es kommt immer auf das Ziel der

Gang an und auf deren Entwicklungsstufe.

Der Beitrittsnachweis ist für die Mitglieder die Geburtsurkunde, ein anderes Leben als das derzeitig von ihnen geführte haben sie nie gehabt. „Die völlige Brechung der Persönlichkeit wird verlangt, absolut bündige Garantien der künftigen Zuverlässigkeit" (Horkheimer, 1995, 288).

Die Person also, wie sie einmal gewesen ist, stirbt ab und an ihrer Stelle entsteht eine neue, welche nun einen hoch entwickelten Sinn für Solidarität und Gemeinschaft besitzt. Herkunft, Titel und Ämter der Eltern bedeuten nichts. Jeder muß sich aus eigener Kraft seinen Rang erkämpfen, den er auch schnell wieder verlieren kann. In der Gang spielt sich das wahre Leben ab, zwar roh und ungezähmt, aber gerade deshalb so reich an sozialen und natürlichen Prozessen.

Der Austritt ist ohne größere Probleme möglich. Allerdings dürfte das auch von der hierarchischen Stellung der Person in der Gang und dem eigenen Durchsetzungsvermögen abhängig sein. Ein in alle Strukturen Eingeweihter wird sicher auch mit Sanktionen diverser Art zu rechnen haben.

5.1.4. Entwicklungskategorien und Gangarten

Gangs können vergleichsweise in fünf unterschiedliche Entwicklungskategorien eingeteilt werden (Taylor 1983): Scavenger, Territorial -, Commercial Gangs, Corporaterate -, und Covert Gangs. Scavenger Gangs befinden sich im Frühstadium der Entwicklung und sind aufgrund des geringen Organisationsgrades und des gering ausgeprägten Gewalt - und Kriminalitätspotentials eher mit Jugendkulturen vergleichbar. Diese und Territorial Gangs könnten als eine Entwicklungsform hin zum organisierten Stadium von Gangs charakterisiert werden, während die Commercials, Corporates und Covert Gangs organisierte Gangformen mit strenger hierarchischer Führung in der Wachstumsphase verkörpern. Alle fünf Entwicklungsformen unterscheiden sich in ihren Absichten, Zielen, der Organisationsstruktur und den Verhaltensweisen voneinander.

5.1.4.1. Die Scavenger Gangs

Die Scavenger Gang ist die erste Bewegung in den USA, die bereits von Frederick Trasher im Jahre 1927 dokumentiert wurde. In Detroit entstand dieser Entwicklungstyp der
Gangs Anfang 1920 vorwiegend aus ethnischen Minoritäten wie Polen, Juden, Sizilianern.

Zu den Scavengern gehören Kinder und Jugendliche, die etwas gemeinsam unternehmen
wollen, nach der Schule, im Freizeitbereich, im Sport. Ihr Anliegen ist es, durch gemeinsame Aktivitäten sich die Zeit zu vertreiben, die Langeweile zu mindern.

In der Regel treiben sich Scavenger in der Nachbarschaft umher, sind also in ihren Wohngebieten zu finden. Sie suchen immer wieder nach Abwechslung, kreieren neue Spiele,
um der Monotonie des Alltagslebens zu entkommen. Das Schlimmste ist für sie nichts zu
tun, Langeweile zu haben. Deshalb sind sie mal hier und mal dort. Scheiben zerschlagen,
Katzen quälen, Krach machen wären Möglichkeiten, aber irgendwann ist das Repertoire
erschöpft. Sie streunen mittel - und ziellos in ihren Territorien umher, suchen ständig Bewegung. Die Mitglieder dieser Gang haben keine ferneren Ziele und Werte und sind demzufolge dem Augenblick verhaftet. Sie zeichnen sich durch impulsives Verhalten aus, ohne einen Plan zu haben.

Sie schließen sich in Gruppen zusammen, weil sie hier in ihrer Lebenslage Gleichgesinnte
und Verständnis füreinander finden. Der kollektive Zusammenhalt gibt ihnen Kraft und
Selbstbestätigung.

Die Kriminalität ist vergleichsweise unbedeutend, sinnlos und spontan. Beispielsweise
stehen sie an öffentlichen Straßen, bitten um Arbeit, Geld oder Lebensmittel, stehlen Autos oder brechen sie auf und betreiben Vandalismus. Die Akte ihrer Gewaltsamkeit werden vom Spaß bestimmt. Sie sind eher zivile als kriminelle Gangs. Sie haben keine spezifischen Ziele, keinen Zweck, keine substantiellen Kameradschaften und neigen zur Gewaltsamkeit und unberechenbarem Verhalten.

Viele von ihnen sind miteinander befreundet, wohnen in der gleichen Nachbarschaft und stammen aus ähnlichen familiären Gegebenheiten. Häufig kommen sie aus sehr armen Verhältnissen, gehören fast ausschließlich der Unterschicht an und sind Schüler und Außenseiter mit geringer Selbstachtung und niedrigem Selbstwertgefühl. Allerdings versuchen sie dieses über Machogehabe und Angeberei zu kaschieren, um sich selbst dadurch aufzuwerten. Wegen der armen familiären Lebenslage ist deren Ernährung schlecht ebenso wie die gesundheitliche Absicherung.

Die Familienbeziehungen sind locker oder nicht mehr vorhanden, weil sich viele Eltern nicht um ihre Kinder kümmern wollen oder können. Nicht selten werden sie deshalb sexuell und/oder psychisch mißbraucht. In der Schule, sofern sie sie besuchen, sind es in der Regel schlechte Schüler, die oft mit Autoritätspersonen Probleme haben.

Scavenger nehmen oft Drogen, gleich welcher Art. Da sie arm sind, haben sie keine Drogenauswahl, sie konsumieren, was sie sich leisten können. Führer sind kaum vorhanden oder wechseln sehr oft. Zwischen ihnen bestehen keine festen emotionalen Beziehungen. Die Kleidung bei den Scavenger Gangs ist nicht einheitlich, weil sie sich keine besondere leisten können.

Dewana, heute 20, beschrieb mir ihr Leben als Mitglied einer gemischten Mädchen/Jungen Gang: Sie verließ die Schule im siebten Schuljahr und lebt seit dieser Zeit in einer Gang mit 6 Jungen und 4 Mädchen. Sie ist Meister im "shoplifting" in ihrer Gang, was ihr Achtung und Anerkennung und eine besondere Stellung bei den anderen Mitgliedern einbringt. Ihre Mutter setzte sie auf die Straße, als sie 14 Jahre alt war, weil jene ihren Lebensunterhalt nicht mehr verdienen konnte. Die Mutter selbst war 13, als Dewana geboren wurde, und das war bereits ihr zweites Kind. Ihr Vater wurde in ihrer Anwesenheit von einer "Killer - Gang" erschossen, als sie drei oder vier war. Sie sagte: "Well, this ist my crew, my family, my people or what ever you want."

Die Aneignung des Raumes geschieht bei diesem Entwicklungstyp, um Spaß und Action zu haben, sich die Zeit zu vertreiben, indem man die freie Zeit auf Straßen und Plätzen im ökologischen Nahraum verbringt. Diese Räume werden jedoch nicht zur vordergründigen materiellen Lebensabsicherung genutzt. Deshalb sind die Scavengers wohl noch am ehesten mit jugendkulturellen Strömungen vergleichbar, obgleich sie sich keiner spezifischen Kultur zuordnen lassen, kein einheitliches Outfit haben und überhaupt eher locker organisiert sind. Das Gemeinsame, was sie verbindet, ist gemeinsam die Langeweile im Leben zu vermindern. Deshalb können sie vielleicht mit dem Begriff „jugendliche Bande" am besten beschrieben werden.

Viele der Gangmitglieder starten bei den Scavengers, und später beginnen sie ihr kriminelles Leben, ihre "Karriere" in anderen Gangformen. Oft sind sie von der Gesellschaft isoliert, ebenso von ihren Familien. Ihre eigentliche Familie ist die Jugendgang, deren Größe durchschnittlich mit 20 bis 30 Personen angegeben wird.

5.1.4.2. Territorial Gangs

Die Territorial Gangs stellen ein Stadium zu den höher organisierten Entwicklungsformen dar. Es ist der Prozeß der Schaffung und Organisation spezifischer Ziele. In diesem Prozeß erlangen sie allmählich Herrschaft und Kontrolle. Sie legen ihr Hoheitsgebiet fest, das sie vor Außenseitern verteidigen, und wählen sich einen Führer. Die Herrschaft kann auch herausgefordert werden, insbesondere durch Kraft und Stärke. Die Mitglieder der Territorial Gangs kommen nicht nur aus den untersten Schichten und sind deshalb nicht mittellos oder arm wie die Scavenger. Aus diesem Grunde können sie sich ein spezifisches Outfit leisten, sie tragen bestimmte Kleidung, deren Farben von schwarz, blau und dunkelgrün dominiert sind, und sie geben sich einen Namen.

Die Beziehungen untereinander sind wesentlich enger und wichtiger für deren Existenz. Sie rekrutieren sich oft aus freundschaftlichen oder Familienbeziehungen, so daß deren Familienangehörige, Bekannte oder Freunde zu ihr gehören. Deshalb ist ihre Mitgliederzahl durchschnittlich geringer als bei den Scavenger Gangs, es sind ca. 10 bis 15. Daraus entwickelt sich eine bestimmte Teamorientierung und ein starker Gruppendruck.

In den Territorial Gangs hat sich die Stimmung zu maskulinem Aussehen entwickelt, das

Stärke dokumentiert. Organisierte Kriminalität und Härte im Kampf zwischen verschiedenen ethnischen Gruppen bestimmt von nun an den Mittelpunkt der Aktivitäten.

Was sie verbindet, das ist die Kriminalität oder ihr Besitztum. In der Regel sind das Mädchen und ihr Territorium. Territorial Gangs, das sagt ihr Name schon, grenzen ihr Territorium ab, z.B. in Häuserblocks oder Straßen. Ihre Zeichen sind oft sichtbar und ohne Problcme identifizierbar. Graffititexte, die von links nach rechts zu lesen sind, verkünden ihre Botschaften, zeigen ihre Absichten und lassen deren Normen und Werte erkennen.

Speziell für diese Gang gelten besondere bestimmte Eintrittsbedingungen. Wenn jemand eintreten will, dann wird er vor allem auf Kraft und Stärke geprüft. Dafür existieren bestimmte Rituale und Prüfungen: beispielsweise wird man das erste Mal zusammengeschlagen oder es ist Pflicht, mit Jungen oder Mädchen zu schlafen, die HIV positiv sind. Wichtig ist ebenso die Prüfung der psychischen Stärke, wer sich traut, zu schießen. Wenn auch der Eintritt völlig freiwillig ist, ist man einmal involviert, ist man es auf Dauer. Ein Weg aus der Gang und damit aus diesem Milieu ist kaum möglich.

In den Straßen werden die Territorial - Gesetze mehr respektiert als die legalen und traditionellen. Das ist gut bekannt und wird akzeptiert - das Gesetz ist das spezifische Territorial - Gesetz. Die Gangs geben ihr Gebiet für Rauschgifthandel und kriminelle Austauschgeschäfte frei.

Ungleich der legitimen Geschäftswelt verwenden die Territorial Gangs physische Gewalt, um ihre Bedingungen zu diktieren. Drogen und Kriminalität bestimmen deren Handlungen und kreieren eine außergesetzliche Kultur. Jede Straßenecke, spezifische Rauschgiftszenen, ebenso wie Verteiler oder Konsumenten sind Teil des Territoriums (Baron/Tindall 1993: 295). In der Regel gehen Mitglieder von Territorial Gangs demzufolge keiner Arbeit nach, sie stehlen, verkaufen Drogen, brechen Autos auf. Sie leben letztendlich durch kriminelle Aktivitäten. Die Polizei läßt sich hier schon lange nicht mehr sehen, sie weiß, daß sie hier nichts ausrichten kann. Die Meinung, die vertreten wird, jedoch sicher nicht laut geäußert wird, ist, auf einen mehr oder weniger kommt es nicht mehr an, läßt sie sich gegenseitig umbringen, dadurch kann sich unsere Arbeit nur verringern.

Die normale Bevölkerung, die in diesen Gebieten wohnt, ist gezwungen, sich anzupassen. Viele von ihnen haben keine Wahl, sie sind entweder zu arm oder sie sind nicht mobil, wenn sie auch gern wegziehen würden. Die meisten haben sich wohl mit ihrem Schicksal abgefunden, sie verlassen nur zu bestimmten Zeiten ihre Häuser, Ladenbesitzer zahlen lieber Schutzgeld, als Angst vor Überfällen zu haben. Im Gangterritorium sollte man nicht ungebeten eintreten, jeder falsche Blick oder eine unübliche Handlung können zu Gewalttaten führen, wer und wann angegriffen wird, ist vollkommen unberechenbar und liegt in der Willkür der Gangmitglieder.

Ich sprach mit Mona, einer 25jährigen afro - amerikanischen Frau, einer "Veteranin" der Straße seit ihrer frühesten Kindheit. Sie ist ledig, hat keine Kinder und lebt mit zwei anderen Frauen zusammen in einer Female Territorial Gang. Ihre Mutter lebt noch, ihr Vater ist unbekannt. Sie hatte fünf Brüder, die von der Mutter mehr geliebt wurden als sie. Deshalb wurde sie oft geschlagen und alle Schuld lastete auf ihr. Sie hing seit frühester Kindheit auf der Straße herum, ungeliebt und ausgestoßen. Auf die Frage, ob sie Angst vor Gewalt hat, antwortet sie: "Gewalt ist Teil unseres Lebens, sie ist täglich, ja stündlich sichtbar. Ich sehe Leute, die auf der Straße erschossen werden, sehe wie Freundinnen niedergeschlagen werden usw. Das alles ist Teil des Geschäftes".

Arbeit in der Rauschgiftindustrie ist eine, die Geld produziert und damit Macht. Diese Macht erlaubt ihnen Mobilität und sie führt zur Expansion der territorialen Bindungen jenseits der wenigen Blocks ihrer respektierten Nachbarschaften. Die erworbene Mobilität durch die finanzielle Macht wurde zum entscheidenden Faktor beim Aufgeben der traditionellen Territorien.

So waren die Territorial Gangs der 50er, 60er und 70er Jahre jugendliche Gangs, die kaum mobil waren, weil sie keine Autos hatten. Deshalb war das Territorium auf die unmittelbare Nachbarschaft beschränkt.

Heute, mit der Macht der organisierten Kriminalität, der Technologie und des eskalieren-
den Verdienstes kann das Territorium zwischenstaatlich, innerstaatlich oder international
sein. Der Verbreitungsgrad ist unbegrenzt und stößt höchstens auf die dann ausgeweiteten
Territorialgrenzen.

5.1.4.3. Commercial Gangs

Sie treffen sich aus einem genau bestimmbaren Motiv mit einem einzigen Ziel, nämlich
kriminell tätig zu sein. Die Aktivitäten diesbezüglich werden örtlich und zeitlich genau
geplant. Ihr Hauptziel besteht darin, Geld zu machen, gleich unter welchen Umständen
und mit welchen, vielleicht menschlichen Verlusten.

Mitglieder der Commercial Gangs wollen sich mehr und mehr Besitz aneignen. Sie wissen, mit dem Erfolg kommt das Geld, mit dem Geld die Macht, Macht, um Einfluß zu gewinnen, Macht, um zu kaufen und Macht, die einen höheren Status bringt. Das ist ihr
letztliches Ziel. Sie klauen organisiert, rauben und machen aus allem Geld. Deshalb sind
die emotionalen Beziehungen auch nicht so wichtig, wichtig ist nur Geld.

Gerade deshalb spielen bei Eintrittsritualen weniger Kraft und Stärke eine Rolle als vielmehr Köpfchen. Intelligenz, also insbesondere kognitive Fähigkeiten, Kombinationstalent
und organisatorische Kompetenzen sind deshalb besonders wichtig und zählen stark bei
der Bewerbung um eine Mitgliedschaft.

Ihr Territorium ist nicht festgelegt, obgleich sie auch in ihren Wohngebieten versuchen,
Gewinn zu erzielen. Sie beuten ihre Nachbarschaften und Wohngebiete so lange aus, bis
nichts mehr zu holen ist. Wenn dieser Zustand erreicht ist, expandieren sie immer mehr
nach außen bis in internationale Territorien.

Eigentlich haben es diese Gangmitglieder nicht mehr nötig, einheitliche Kleidung zu tragen, denn sie sind reich und sehr gut gekleidet. Es gehört nicht zur Seltenheit, wenn Rolex
- Uhren getragen oder teure Autos gefahren werden.

Ihre Existenz gründet sich in der Regel nur auf ihre kriminellen Akte, so daß die Größe auf 5 bis 8 Mitglieder begrenzt ist. Denn je mehr von den spezifischen Aktivitäten wissen, desto gefährlicher ist es für deren Weiterexistenz. In der Regel gehen sie keiner geregelten Arbeit nach, weil jedes Mitglied weiß, durch reguläre Arbeit ist noch keiner reich geworden.

5.1.4.4. Corporate Gangs

Eine neue Ära der städtischen Jugendgangs begann Ende der siebziger Jahre mit der Entstehung der Corporate Gangs, die andere Dimensionen der organisierten Kriminalität und Jugendkriminalität signalisierte. Diese gut organisierte Gruppe hat einen strengen Führer oder Manager und stellt eine der entwickeltsten Formen oder Stufe der Gangs dar.

Ihre Mitglieder rekrutieren sich aus der untersten und unteren Schicht, der Mittelschicht und oberen Mittelschicht. Für Jugendliche besitzt diese Gang besondere Anziehungskraft. Rauschgifthandel, Prostitution, offene Gewalt, Diebstähle und Einbrüche gehören in ihrer ausgeprägten und entwickelten Form zur Tagesordnung. Mitglieder dieser Gang tragen gute Kleidung und Schmuck, fahren teure Autos, und sie haben einen stadtweiten Ruhm.

Sie wollen die uneingeschränkte Macht, dulden neben sich keinen anderen. Sie herrschen absolut über ihr Territorium - und wenn mit unlauteren Mitteln. Sie grenzen ihr Gebiet klar ab. Zäune, Graffiti, gleiche Kleidung und Namen sorgen dafür, daß jeder weiß, hier herrschen wir. Die Führerschaft ist sehr streng, wobei der oberste Führer der Hierarchie meist intelligent ist und charismatisch. Hinter ihm stehen aber Jungen, die besonders gut schießen können oder sich auf andere, nicht legale Dinge spezialisiert haben.

Die Mitgliedschaft basiert auf den Werten der Entwicklung von der Individualität zur Organisation und gründet sich auf das Verdienst als Beitrag für die Gruppe, nicht auf die einzelne Persönlichkeit. Jedes Mitglied versteht sich in seiner/ihrer Rolle und arbeitet als Teammitglied. Der Eintritt in die Gang ist deshalb mit repressiven Ritualen verbunden.

Mitglieder dieser Gang gehen keiner regulären Arbeitstätigkeit nach, sie sehen den ganzen Tag nur danach, wie sie aus ihren Aktivitäten Geld herausholen können. Ihr Hauptaugenmerk beruht auf der Teilnahme am illegalen Geldgeschäft. Mit dem erwirtschafteten Geld eröffnen sie meist im eigenen Territorium kleinere Existenzen, beispielsweise Autowäschen oder Reparaturstützpunkte. Sie sind außerordentlich stolz auf das, was sie in der Lage sind zu vollbringen.

Ihre kriminellen Aktivitäten sind durch Profit motiviert und sind nur diesem Ziel unterworfen. Im Unterschied zu den Scavenger Gangs ist Kriminalität Mittel zum Zweck und nicht zum Spaß. Dabei scheuen sie nichts, ein Toter mehr oder weniger, darauf kommt es hier nicht an. Ein Menschenleben ist hier so wenig wert wie irgendein Stück Papier. Im Unterschied zu anderen gehören zu den Corporate Gangs sehr viele Mitglieder: 30 bis 100.

Die bekannteste Gang war die 42er in Chicago (Al Capone), die als ein Lehrbeispiel für den Übergang von einer Scavenger/Territorial Gang zu einer organisierten Corporate Gang gelten kann. Sie waren bereit, für Geld alles zu tun.

5.1.4.5. Covert Gangs

Es sind Gangs, die nicht mehr als solche identifizierbar sind. Sie arbeiten im Untergrund und schützen sich so vor der Polizei. Deshalb grenzen sie ihre Territorien nicht ab, sie sind ohnehin überall zu finden und haben kein spezielles Outfit. Sie verdienen eine Unmenge Geld durch Drogenhandel, Waffengeschäfte oder andere kriminelle Aktivitäten. Dieses Geld wird bewußt für politische oder auch terroristische Zwecke eingesetzt.

Ihre Organisation ist streng hierarchisch aufgebaut, der Führer ist der intelligente Kopf und hat die Aktivitäten streng zu überwachen. Die Art und Weise der Organisation ist mit der der Mafia am ehesten vergleichbar. Deshalb existieren außerordentlich kompromißlose und scharfe Aufnahmekriterien, die nicht jeder, der Mitglied werden möchte, erfüllen kann. Intelligenz, organisatorische Kompetenzen und Wissen sind solche Kriterien.

Gangmitglieder haben die Vision, die Schwarzen von ihrer Benachteiligung und Diskriminierung zu befreien. Sie arbeiten meist in guten und einflußreichen Jobs, z.B. in Rechtsanwaltbüros, selbst in Regierungsebenen, ohne daß sie sich zu erkennen geben. In diesen Funktionen erfüllen sie diverse Aufträge von Politikern oder Geschäftsleuten, die das entsprechende Geld einbringen. Ihre Größe ist wegen der Konspirativität auf 8 bis 10 Mitglieder begrenzt.

5.1.5. Zukünftige Entwicklung von Gangs

Gangs gehören heute schon fast zum gewohnten Stadt – und Straßenbild großstädtischer Ballungsgebiete der USA. Jeder Einwohner dieses Landes kennt sie, weiß von deren Existenz und richtet sich im eigenen Verhalten danach. Das heißt, nicht vom „rechten Wege" abzukommen, denn Gangland wird nicht ohne bestimmte Absicht betreten. Insofern werden Gangs in ihrer Existenz berücksichtigt, ohne sie zu akzeptieren. Um deren Eindämmung sind zwar viele bemüht, allein das gelingt kaum, es sei denn, die Ursachen für das Entstehen werden beseitigt.

Dennoch werden sich infolge der Dynamik gesellschaftlicher Entwicklungen Veränderungsprozesse in den Gangs vollziehen. Es ist anzunehmen, daß die Scavenger - und Territorial Gangs zukünftig an Bedeutung und Umfang abnehmen, weil sie aus verarmten Verhältnissen kommen, sehr schlechte Existenzgrundlagen, unzureichende gesundheitliche Absicherung und ungenügende ernährungsphysiologische Grundlagen haben sowie Drogen, gleich welcher Art, nehmen. So ist mit einem langsamen Aussterben dieser Gangarten zu rechnen.

Auch erhält keiner mehr nach einem Gefängnisaufenthalt eine staatliche Unterstützung, wie es in den vergangenen Jahren üblich war. Dieser Prozeß wird sich natürlich schrittweise und über viele Jahre hinweg vollziehen. Hinzu kommt, daß es sich bei Scavenger Gangs vorzugsweise um schwarze Mitglieder handelt, deren Leben viel häufiger gefährdet ist als das der weißen. Letzteres erscheint uns sicher unverständlich, gehört allerdings zur alltäglichen amerikanischen Realität.

Dagegen werden die organisierten Formen der Commercial -, Corporate - und Covert Gangs an Gewicht zunehmen. Die Entwicklung wird sich offensichtlich mehr und mehr zu verdeckteren Gangformen mit außerordentlich starker Führerschaft und abgestufter Hierarchie verschieben. Diese Entwicklung ist schon deswegen notwendig, um sich gegenüber polizeilichen Ermittlungen zu schützen.

Mehr Angst als vor der Entwicklung von Gangs existiert inzwischen in amerikanischen Wissenschaftlerkreisen vor den Gangstern. Gangster sind Einzelkämpfer, die sich speziell auf die Ausführung von geplanten Morden oder Überfällen verstehen. Sie werden von Gangs zur Durchführung diverser Aufträge bestellt und dafür eigens bezahlt. Während es von der Gesellschaft nicht toleriert wird, Gangmitglied zu sein, erfahren Gangster eine höhere Anerkennung zumindest bei vielen jungen Menschen.

Sie werden in den Medien, speziell in Jugendzeitschriften, hochstilisiert, haben den Ruf des Großen, der es zu etwas gebracht hat. In solchen bekannten Zeitschriften wie „Vice", „XXL", „Source" oder „Rolling Stones" werden Gangster als Vorbild popularisiert, die vielen Jugendlichen ein erstrebenswertes Ideal vermitteln. Im Zuge der Individualisierung paßt diese Entwicklung genau in die Zeit. Man braucht sich die Hände nicht mehr zu beschmutzen, von unbequemen Menschen kann man sich per Auftrag entledigen und der Weg zu organisierter und nicht mehr überschaubarer Kriminalität ist geebnet. Inzwischen gibt es so reiche Gangster, die einen hohen Ruf bei Gangmitgliedern genießen. Der wohl bekannteste ist „Snoop doggy dog", der als Gangmitglied groß geworden ist und heute eine der größten Plattenfirmen in den USA besitzt.

Daß Gangster diesen Ruf genießen, hängt zweifellos auch damit zusammen, daß Afroamerikaner und ethnische Minderheiten kaum über Ideale verfügen, an denen sie sich orientieren können. Sie sind in einem Leben verhaftet, das ihnen weder ausreichende berufliche Perspektiven noch ein würdevolles Leben verspricht. Sie werden in ein Milieu geboren, was sie aus eigener Kraft kaum überwinden können.

Sie sind Gefangene ihrer familiären Existenz. Sie werden in einer Umgebung sozialisiert, die es ihnen beinahe unmöglich macht, sich in einem zivilisierten Leben mit Normen und Werten zu behaupten.

Gangmitglied zu sein ist zwar eine freie Wahl, streng genommen ist es jedoch keine, denn Angehöriger einer Gang zu sein ist eine Chance, um zu überleben. Zu einer geplanten Lebensführung fehlen den meisten von Geburt an die Möglichkeiten.

Deshalb werden in Familien Gangmitglieder geboren, die wieder Nachwuchs gebären, und später haben vielleicht einige wenige die Aussicht, zu gefürchteten und geachteten Gangstern aufzusteigen.

Insgesamt vollzieht sich gegenwärtig recht deutlich sichtbar der Übergang von der Pluralisierung gesellschaftlicher Entwicklung zur Individualisierung.

Im Bereich der Gangentwicklung zeigt sich dieser Übergang im Rückgang offener Gangformen (Scavenger -, Territorial Gangs), in der stärkeren Entwicklung verdeckter Gangarten (Commercial -, Corporate - und Covert Gangs), in den als erstrebenswert charakterisierten Gangstern und in der Verkleinerung der Mitgliederzahl in fast allen Gangtypen.

Durch diese Entwicklung sind Gangs und deren Aktivitäten schwerer durch Polizei oder andere Ordnungskräfte kontrollierbar und einzudämmen. Gangs werden strenger geführt und sind hierarchisch abgesichert. Die Kleidung verrät nicht mehr, wozu man gehört. Oberster Grundsatz ist übrigens für alle Gangs: nichts sagen, sich gegenseitig zu decken.

Die Ermittlung krimineller Aktivitäten ist um so schwieriger, je mehr Mitglieder an Delikten beteiligt sind. Gerade das ist strategisch gewollt. Hierin besteht besondere Einigkeit zwischen den einzelnen Gangs. Dennoch herrscht großes Mißtrauen denen gegenüber, die nur den Verdacht erregen, etwas verraten zu können.

Die Tarnung krimineller Aktivitäten führt natürlicherweise auch zur Aufhebung territorialer Abgrenzung und Markierung von Ganggebieten, besonders bei Commercial -, Corporate - und Covert Gangs und erschwert auch dadurch polizeilichen Zugriff.

Bei der Entwicklung innerhalb der einzelnen Gangformen ist vieles und alles möglich: Es werden alle Stufen durchlaufen, gewissermaßen von unten nach oben. So kann bei den Scavengern gestartet werden und später findet man jenen bei den Covert Gangs wieder. Ebenso ist vorstellbar, daß die Scavenger - zu Territorial Gangs aufsteigen und hierbei bleiben.

Ein Aussteigen gibt es besonders bei den beiden zuletzt genannten Gangarten nicht, denn befindet man sich einmal in einem solchen Milieu, ist es kaum möglich, aus eigener Kraft und Motivation heraus den Austritt zu schaffen. Manche andere steigen schon bei einer höheren Entwicklungsstufe ein oder beenden ihre Karriere auf einem bestimmten Level.

5.1.6. Das Territorium der Gangs

Nicht jeder Gangtyp grenzt seine Territorien ab. Meist zeigen Graffiti Aufschriften an Mauern, alten Werksgebäuden oder auf der Straße, welches Gebiet wem gehört und wer das Sagen hat.

Es werden bestimmte Symbole für spezifische Bedeutungen verwandt, die eine entsprechende Botschaft vermitteln wollen. Einige Symbole sollen genannt werden:

So repräsentiert das Herz das Leben und Überleben des Stammes und des Volkes. Die Krone zeigt die Liebe dem Stammeshäuptling gegenüber, während lodernde Flammen die Stammesphilosophie verdeutlichen.

Die wohl am meisten verwandten Symbole sind der „Five Point Star" und „Six Point Star". Beide drücken die Stimme des Volkes aus, die alle aufruft, die Tugenden und Prinzipien zu wahren, die die Menschheit braucht, um dauerhaft Frieden und Freiheit zu gewährleisten.

Während Territorien verschiedener Gangs durch die genannten Symbole recht genau strukturiert und aufgeteilt sind, weisen andere Gebiete keine spezifischen Kennzeichen auf.

Eine Gang kann also die Herrschaft über ein ganz bestimmtes Gebiet haben, welches sie mit verschiedenen Mitteln und Methoden von anderen abgrenzt, muß es aber nicht. Wenn es um die Verteidigung von Territorien geht, ist es möglich, daß sich zwei Gangs zusammenschließen, z.B. East gegen West.

Allerdings nicht jedes Gebiet ist als Gang - Territorium prädestiniert. Wissenschaftliche Untersuchungen weisen darauf hin, daß Randgruppenareale, Gebiete des sozialen Wohnungsbaus oder von Sanierung bedrohte alte Wohnanlagen häufiger betroffen sind.

Davon ausgehend lassen sich als soziale Problemgebiete solche Wohngebiete kennzeichnen, die sich durch folgende Bedingungen charakterisieren lassen:

➢ hohe sozio - ökonomische Belastungen (z.B. hohe Distanz zum Zentrum, einseitige Nutzungsformen, schlechte Anbindung an Warenmärkte, geringes Arbeitsplatzangebot, hohe Belastungen durch Verkehr, Immissionen);

➢ hohe Rechtsunsicherheit der Wohnbedingungen (alte Wohnbausubstanz mit schlechter Ausstattung und geringem Eigenbesitzanteil);

➢ schlechte bauliche Merkmale mit einem subtilen Netz von Hinterhöfen, abgewirtschaftete Bausubstanz, ungepflegte Anlagen, Stellen von Schutt und Unrat;

➢ niedriges Versorgungsniveau mit kollektiv nutzbaren Gütern, wie Theater, Bibliothek (hohe Distanz zu zentralen Einrichtungen, hohe Infrastrukturdisparitäten, wenig nutzbare Freiflächen);

➢ sehr hohe Bevölkerungskonzentration mit mehr als 5000 Einwohnern pro km^2;

➢ hoher Bevölkerungsaustausch und heterogene Bevölkerungsstruktur (hohe Migrationsraten, starke Bevölkerungszu - und - abnahme).

Wann und unter welchen Umständen Territorien durch Gangs besetzt werden, also als Gang - Gebiet bestimmt werden, hängt neben den genannten strukturellen Bedingungen natürlich von politischen und gesellschaftlichen Faktoren ab, die zu erklären den Rahmen des Buches sprengen würden.

Nach der Aneignung von Gebieten durch Gangs entscheiden Machtkämpfe über die Festlegung von Gebietskartellen, d.h. es gibt über Grenzziehungen und Regeln des Zusammenlebens genaue Absprachen, deren Einhaltung überwacht wird.

Infolge der Festlegung der Reviere in Gebietskartelle entsteht die verwaltete Welt. Wie unter den Lebewesen in der Natur gilt in der menschlichen Gesellschaft die Regel: „Jedes Plätzchen ist vermietet und verpachtet".

Solche Verhältnisse fand Frederic Trasher vor, als er 1920 seine große Studie über Chicagoer Jugendgangs begann (Trasher, Chicago, 1927).

Zusammen bilden die aneinandergrenzenden oder sich überschneidenden Reviere der Gangs das, was Trasher als Gangland bezeichnet. Je nach sozialer Topographie der Stadt kann es verschiedene Formen annehmen.

Chicagos Gangland ist z.B. ein bratwurstförmiges Gebilde, welches das Geschäftszentrum der Stadt von drei Seiten umschließt. Wenn man es durchquert, kommt man in die besseren Wohnviertel. Kennzeichnend für die Zwischenzone sind Gleisanlagen, Fabriken, Lagerhäuser, Schutthalden, Brachflächen, Abwasserkanäle, heruntergekommene Gebäude.

Außerhalb ihres Kerngebietes kommen Gangs an bestimmten Grenzlinien vor. Entlang von Flüssen, Kanälen, Eisenbahngleisen und Geschäftsstraßen, welche die anständigen Viertel durchziehen und die gute Wohngegend von der noch besseren trennen, bilden Gangs Außenposten.

Immer weist die Gangbildung auf eine Trennlinie hin - zwischen Kolonien von Einwanderern verschiedener Nationalität oder verschiedener ethnischer Gruppen, zwischen Stadt und Land oder zwischen Stadt und Suburb, zwischen der guten Gegend und der besseren. Allerdings müssen diese Trennlinien nicht sichtbar sein. Aber umstellt bleibt man hier wie dort.

Wirkliche Freiheit, etwa die, nachts im Park herumzuspazieren, ohne auf den Weg zu achten, allein und unbewaffnet, genießt auch der Bewohner des prächtigen Villenviertels nicht, weil es nur eines Schrittes vom Wege bedarf, wo einem leicht etwas zustoßen kann.

Der Aufbau amerikanischer Städte hat zudem eine zur Beurteilung des Gang - Territoriums spezifische Struktur. In der Down Town, dem unmittelbaren Innenstadtkern, können sich noch immer Banken, Versicherungen und Bürogebäude behaupten, so daß sich hier meist keine Gangs niederlassen. Das liegt schon in den strengen Sicherheitsvorkehrungen dieser Zone begründet. Diese Gebiete sind in der Regel gepflegt und lassen äußerlich meist keine Unterschiede zu deutschen Städten erkennen, höchstens in der Anzahl der Hochhäuser, die hier meist größer ist.

Abbildung 5: Der Aufbau amerikanischer Städte und Gangbesiedlung

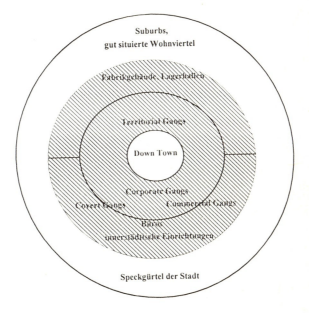

In der darauf folgenden Innenstadt leben in der Regel die ärmsten Bevölkerungsteile, Schwarze, Latinos und andere ethnische Minderheiten. Keiner will hier wohnen. Jene, die dennoch hier leben, haben keine andere Alternative: Sie sind entweder arm oder aufgrund des Alters nicht mehr mobil, so daß sie nicht in die grünen Gürtel der Städte umziehen können. Sie verbleiben für immer in diesen Gebieten, in denen Armut weithin sichtbar ist.

In diesen Gegenden sind erwartungsgemäß deshalb die größten Gangentwicklungen. Selbstverständlich ist die Ausprägung der Scavenger Gangs, die in ihren eigentlichen Nachbarschaften herumstreunen, die sich Abwechslung und Spaß suchen. Desweiteren sind die Innenstädte vor allem von den Territorial Gangs besetzt, die in ihren Gebieten versuchen, ihre materielle Existenz zu sichern. Ebenso sind hier Corporate Gangs zu finden, die teilweise mit brutaler Gewalt an die Absicherung ihrer Beute gehen.

Um die Innenstadt herum zieht sich ein Gürtel verschiedener Struktur. Sie besteht in etwa zur Hälfte aus Bürogebäuden und zur anderen Hälfte aus Fabriken. Auch hier sind noch Territorial und Corporate Gangs zu finden. In diesen Gebieten ist offensichtlich auch ein bevorzugter Ort der Commercial - und Coverrt Gangs, denn hier ist einiges zu holen.

An den sogenannten Speckgürtel der Stadt angeschlossen sind die sogenannten Suburbs, in denen die reichere Bevölkerung wohnt. Die Häuser sind weiter auseinandergebaut, sind von großflächigen Grünanlagen umgeben, und die Bausubstanz ist außerordentlich gut gepflegt. Die Häuser sind größer und schöner als in den Gang - Nachbarschaften. Die Bevölkerungsstruktur ist streng segregiert.

Würden Afroamerikaner in dieses Gebiet einziehen, nehme sehr wahrscheinlich die weiße Bevölkerung recht zügig ab. Deshalb sind hier vorzugsweise nur Weiße oder materiell sehr gut gestellte Einwohner zu finden, bei denen die Nachbarschaftskontrolle besonders hoch ausgeprägt ist. Hier hat keiner Angst, ihm könnte etwas Unangenehmes zustoßen, ein Spaziergang ist ohne Probleme möglich.

Gangs entwickeln sich offensichtlich vorrangig in Großstädten mit einer besonders hohen Bevölkerungskonzentration, in Gebieten mit vorwiegend homogener Einwohnerstruktur, also in Nachbarschaften, in denen ethnische Minderheiten wohnen und in denen die soziale Kontrolle gering ausgeprägt ist. Natürlich sind es auch Gebiete, die über genügend Unterschlupfmöglichkeiten verfügen, ein subtiles Netz von Hintergebäuden, verfallener

Bausubstanz und ungepflegter Umgebung.

In Gebieten mit solcher Charakteristik sieht man eine auffallende Geschäftigkeit, an den Straßenecken wird ständig telefoniert (die öffentlichen Apparate sind nicht so leicht abzuhören), auf Bänken stehen oder sitzen kleinere Gruppierungen von Jugendlichen, die möglicherweise den nächsten Plan entwickeln. Alles sieht für den ungewohnten Beobachter fremdartig aus und flößt Angst ein. Keiner geht deshalb freiwillig in diese Wohngebiete. Jene, die nicht hier wohnen, meiden es, durch diese zu gehen. Jeder Amerikaner weiß, wenn man zu weit von bekannten Gefilden abgeht, kann Gefahr drohen.

Zusammenfassend kann gesagt werden: Die Scavenger -, Territorial - und Corporate Gangs sind vorwiegend im ökologischen Nahraum angesiedelt, in den eigentlichen Nachbarschaften. Die anderen, d.h. die Commercial - und Covert Gangs sind überall präsent, sowohl in den ökologischen Ausschnitten als auch in der ökologischen Peripherie. Sie sind überall dort, wo es für sie etwas zu holen gibt, wo Geld und damit Macht erwirtschaftet und umgesetzt werden kann.

Ein weiterer wichtiger Gesichtspunkt: Die Gebiete sind völlig übervölkert, bis zu 50.000 Personen pro Quadratmeile (19313 Einwohner pro Quadratkilometer) werden dort gezählt. Bedenkt man, daß in den dicht besiedelten Wohnsiedlungen ostdeutscher Neubaugebiete ca. 5000 Einwohner pro Quadratkilometer wohnen (28 ist der Durchschnitt auf der Erde), wird das Ausmaß der Übervölkerung noch deutlicher.

Im Gangland hören der Geltungsbereich von Ordnung, Konvention, Gesetz und Regeln auf. Gangs werden zu Grenzgängern und ziehen dorthin, wo die Zivilisation endet. Die Gewalt und die Anarchie, die im Gangland herrschen, vermitteln den Eindruck einer Sphäre, die weit jenseits der zivilisierten Gesellschaft liegt. Gesetzlos, gottlos, wild. So kommt auch die wohlwollendste Betrachtungsweise nicht an der Tatsache vorbei, daß die Neueinwanderer in ihren Slums ein korruptes System von Clans und Cliquen bilden, in welches vom Ratsherrn bis zum ärmlichsten Teufel alle irgendwie verwickelt sind (Pohrt, 1997, 65).

Je gefährlicher das Terrain, je riskanter das Geschäft, desto inniger sind die Partner einander verbunden, denn die „allgemeinste Kategorie der von den Gruppen geübten Funktionen ist der Schutz" (Horkheimer, 1987, 288).

Gangs brauchen Lebensraum, den sie normalerweise im Niemandsland finden. Sie suchen Unterschlupf und hausen zusammen mit ihresgleichen meist in den Slums der Städte. Unentwegt grasen die Gangs im Slum die gleichen Plätze ab wie Wachpersonal beim Rundgang, das Revier wird dabei eng wie ein Käfig.

5.2. Gangs in Detroit

5.2.1. Gang - Besetzung in der Stadt

Bevor die beginnende Entwicklung jugendlicher Gangs in Ostdeutschland und deren Raumverhalten an einem Beispiel erläutert wird, soll die Besetzung Detroits, einer Stadt in Michigan, USA, verdeutlicht werden. Detroit wird gewählt, um das Ausmaß des Herrschaftsverhaltens von Gangs zu zeigen.

Wir werden hoffentlich in Deutschland nicht vor solchen extremen Entwicklungen stehen, aber da bereits Anfänge sichtbar sind und soziale Segregationsprozesse beschleunigt in ostdeutschen Neubausiedlungen verlaufen, besteht diese Möglichkeit.

Auch in Detroit haben sich die genannten fünf Entwicklungsstufen der Gangs herausgebildet, die dazu geführt haben, daß es heute eine besetzte Stadt ist, ein Gangland. Es ist eine Stadt mit etwa einer Million Einwohner, zählt man Vororte mit hinzu, dann sind es bis zu 2 Mio. 80% der Bevölkerung von Detroit sind Afroamerikaner.

Die Stadt liegt in Michigan, im Norden der USA. Der Staat Michigan wird mit einer Bevölkerung von 69 Mio angegeben. Obgleich der Norden der USA durchschnittlich reicher ist als der Süden und davon auszugehen ist, daß Gangs insbesondere auch ein Armutsphänomen sind, rechnet man auch hier mit ca. 23 880 Gangs und einer Mitgliederzahl von

665.000.

Die häufigsten Gangs in Michigan sind: Jamaikaner, Asiaten, Vietnamesen, Russen, Narcotic Gangs, Indian - und Black Gangs.

Detroit ist die Stadt in Michigan, wo sich Gangs sehr schnell entwickeln konnten, und heute sind viele, vor allem innerstädtische Gebiete, von ihnen besetzt. Detroit war eine Hochburg der Autoindustrie, die in den 60er Jahren ihre Blüte erreichte. Nach dem Zusammenbruch der Autoindustrie zu Beginn der 80er Jahre sind die homogenen ethnischen Nachbarschaften und Wohngebiete mit klarer Rassentrennung zwischen Schwarz und Weiß Hochburgen krimineller Aktivitäten.

Hohe Arbeitslosigkeit, soziale Unsicherheit und schlechte Bildung der dort Wohnenden haben dazu geführt, daß es heute eine zerfallene Stadt ist, die durch verschiedene Gangs besetzt ist, die das Elend einer ehemaligen Industriemetropole vergegenwärtigt.

In Detroit hatten im Jahre 1990 die Scavenger und Corporate Gangs das Raumangebot der Stadt fast vollständig unter sich aufgeteilt. Zur Nachzeichnung der Raumaneignung soll die folgende Grafik dienen, die jedoch immer wieder aktualisiert werden müßte, denn die Gangentwicklung vollzieht sich dynamisch und ist nicht feststehend.

Heute, nach sieben Jahren, hat sich das Bild verändert und neue Gangformen insbesondere Commercial - und Covert Gangs sind hinzugekommen.

Heute zeigt insbesondere die Innenstadt von Detroit ein Gesicht härtester Armut und ökonomischer Depression durch den Verfall der Autoindustrie, der in den frühen siebziger Jahren dieses Jahrhunderts begann. Detroit ist reich an Verbrechen, Kriminalität und Korruption.

Wilson (1987, 103) zeigte, daß sich die hohe Kriminalitätsrate parallel zur ausufernden Arbeitslosenrate entwickelt. Die Stadt ist ebenso führend in der nationalen Obdachlosenrate Jugendlicher. Das Polizeipräsidium Detroits verweist darauf, daß mehr als 64% aller

Verbrechen mit Drogen verbunden sind.

Ein weiterer Faktor, der die besorgniserregende Entwicklung der Stadt unterstreicht, sind die ungleichen Chancen der schwarzen Bevölkerung, die rund 70% in Detroit beträgt. 40% von ihnen leben unterhalb der Armutsgrenze, die Arbeitslosenrate junger Schwarzer ist proportional höher als in anderen Gruppen des Landes.

Alle Gang - Typen in Detroit haben ihre Wurzeln in historischen Entwicklungen. Die heutigen Gangs reagieren auf die gegenwärtigen sozialen und gesellschaftlichen Verhält-nisse in ihrer Stadt mit einer allseitigen Gangbesetzung, die kaum einen Stadtteil unbe-rührt läßt. Keine Frage, daß diese Verhältnisse nicht unerhebliche Auswirkungen auf das tägliche Leben in der Stadt haben.

Ein Auszug aus einem Projektbericht zur strategischen Planung in Detroit verdeutlicht die Situation der Kinder in den besetzten Gebieten:

"Sehen Sie die hoffnungslose schwarze Zukunft, ohne Möglichkeit auf ein normales Le-ben. Viele der Kinder werden ein wertloses Leben führen müssen. So verlassen 51% der Detroiter high schoolers ohne Abschluß die Schule und die Statistik zeigt, daß gerade sie wenig Erfolg haben, einen Job zu finden. Ihre Bildung ist nicht ausreichend für den tech-nischen Arbeitsmarkt. Die Korrelation zwischen jungen Erwachsenen, Arbeitslosigkeit und Kriminalität ist unleugbar" (More, 1995, 5).

Abbildung 6: Subcommunities in the City of Detroit[2]

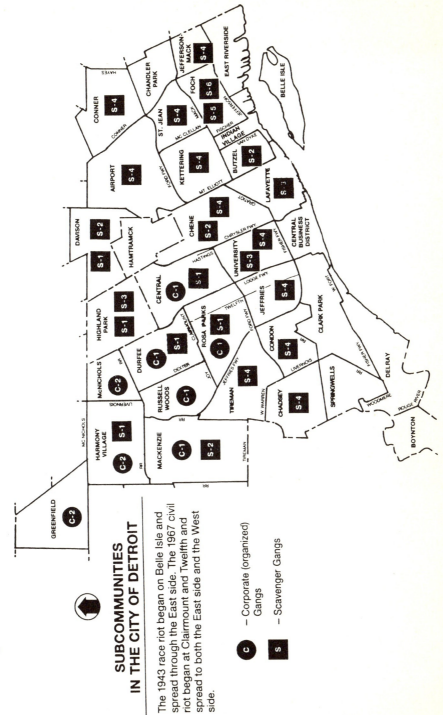

SUBCOMMUNITIES IN THE CITY OF DETROIT

The 1943 race riot began on Belle Isle and spread through the East side. The 1967 civil riot began at Clairmount and Twelfth and spread to both the East side and the West side.

C — Corporate (organized) Gangs

S — Scavenger Gangs

[2]Quelle: Taylor, C. S: Dangerous Society: a.a.O., S. 16

5.2.2. Nachzeichnung der Raumaneignung durch die Gangs

Das Gang - Leben in Detroit ist geprägt von einer fast endgültigen Aufteilung der Gebiete. Das neue Industriezentrum und Geschäfte sind von der besetzten Innenstadt in abgelegenere Gebiete geflüchtet. Das pulsierende Leben jedoch mit ungewissen Perspektiven ist inzwischen im Gangland zu finden, wo kaum Polizei oder Ordnungsinstanzen zu erblikken sind.

Das Territorium ist aufgeteilt, aufgeteilt zwischen den Scavenger und den Corporate Gangs und zunehmend durch die Formen der Territorial - , Commercial - und Covert Gangs, die sich in der Stadt inzwischen stärker etabliert haben.

Wollte man das Raumverhalten der Detroiter Gangs nachzeichnen, so ergibt sich eine ganz unterschiedliche Art und Weise der Raumaneignung entsprechend der differenzierten Entwicklungsstufen.

Scavenger Gangs halten sich in ihren geschützten Nachbarschaften, also in ihrer Wohngegend auf.

Gangs im Übergangsstadium zu den Territorials besetzen ihre Räume anfänglich ebenso noch vorwiegend in der unmittelbaren Nachbarschaft. Sie sind auf dieser Entwicklungsstufe noch wenig mobil, weil es ihnen an Autos fehlt, vor allem aber an Geld, das Macht und Mobilität befördert.

Die Corporate Gangs dagegen beschränken sich längst nicht mehr auf ihr unmittelbares Wohngebiet, auf den ökologischen Nahraum. Sie agieren im Zuge organisierter Kriminalität und ungezügelter finanzieller Macht in zwischenstaatlichen, innerstaatlichen oder internationalen Territorien.

Wenn die sich gegenwärtig stärker entwickelnden Formen der Commercial - und Covert Gangs in ihrer eigentlichen Nachbarschaft keinen Profit mehr realisieren können, dann gehen sie in andere Gebiete, die mehr an Geld und Macht versprechen.

Abbildung 7: Der Weg der Detroiter Gangs durch die ökologischen Zonen

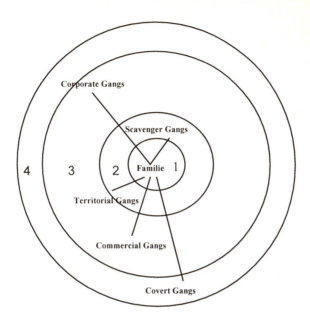

1 Ökologisches Zentrum
2 Ökologischer Nahraum
3 Ökologische Ausschnitte
4 Ökologische Peripherie

Insgesamt ist bei allen Gangs, allerdings in unterschiedlicher Stärke, von einer dauerhaften Aneignung von Raum auszugehen, genauer von einer Umdefinition. Gangs akzeptieren nicht die eigentliche funktionale Bestimmung ihres Wohngebietes als Orte, in denen
man ungestört wohnen und leben kann, sondern machen aus dem Raum anfänglich
(Scavenger) einen Ort der Zeitvertreibung, des Konsums und der Kommunikation.

Später werden es Räume, durch die der eigene materielle Lebensunterhalt abgesichert
wird. Sichtbar ist desweiteren, daß Mitglieder von Gangs meist aus dem ökologischen
Zentrum ihrer Familien verdrängt werden oder sich selbst von ihnen trennen. In der Regel
überläßt man die Kinder der Straße, weil der materielle Lebensunterhalt nicht mehr für
alle erwirtschaftet werden kann.

Sehr häufig aber, und das finden wir beim Entwicklungstyp der Territorial Gangs, insbesondere aber bei den Corporates, müssen die Kinder und Jugendlichen für die Absicherung des Lebens ihrer Eltern aufkommen. Nicht wenige Eltern sind von Drogen abhängig und sind nun auf die Beschaffung des Stoffes durch ihre Kinder in oder außerhalb der besetzten Räume angewiesen. Oftmals werden sehr frühzeitig Kinder geboren, um überhaupt jemanden zu haben, der sich später um die eigene Versorgung kümmert, wenn die Mittel und Kräfte nicht mehr dazu ausreichen.

Deutlich wird auch, daß sich mit zunehmender Entwicklungsstufe die Aneignung der Räume immer mehr ausdehnt: Während die Scavenger Gangs sich im ökologischen Nahraum aufhalten, sind die Territorials zwischen Nahraum und ökologischen Ausschnitten zu finden.

Die Corporate Gangs besetzen vor allem ökologische Ausschnitte und Peripherie. Sie können ebenso wie Commercial - und Covert Gangs in internationale Gefilde abgleiten, wenn sie dort entsprechende Realisierungsbedingungen finden.

5.3. Die beginnende Entwicklung der Gangs im Osten Deutschlands

Gangs als kriminelle Gruppen, die sich ihre Räume auf Dauer zur Sicherung der materiellen Lebensgrundlage erobern, beginnen sich in Ostdeutschland erst langsam zu entwickeln. Der Nährboden für die Ursachen ihrer Entwicklung ist gleich denen der USA. Was sie unterscheidet, ist deren Dimension. So sind beispielsweise Probleme ethnischer Minderheiten oder Rassendiskriminierungen, wenn überhaupt, nur ein Randproblem.

Das wachsende Wohlstandsgefälle jedoch, d.h. die Unterschiede zwischen reicheren und ärmeren Schichten vor dem Hintergrund allgemeiner Trends der Stadtentwicklungen ist auch heute im Osten Deutschlands schon beträchtlich. Damit verbunden ist eine sozialräumliche Polarisierung, die zeitlich und räumlich unterschiedlich verläuft. Daraus läßt sich erklären, warum beispielsweise die Hamburger Straßenkinderszene zentral wahrgenommen wird, aber diese sich in Dresden nur an vereinzelten Orten zeigt. „Die Szene ist eine andere als in Berlin, wo jeder weiß, daß man die Kids am Bahnhof Zoo antrifft. In Dresden streut es sich über alle Stadtteile, zwar mit gewissen Brennpunkten (äußere Neustadt), aber ohne einen zentralen Ort und ist deshalb weniger auffällig" (Petermann, 1996, 17).

Ohnehin entwickeln sich Städte zu Kummulationspunkten sozialer Probleme: ein Drittel der Gesamtbevölkerung lebt hier, 45% aller Arbeitslosen und die Hälfte aller Sozialhilfeempfänger. „Die Unterordnung von sinnlich - sozialen Bedürfnissen und ökologischen Erfordernissen in Architektur und Stadtgestaltung unter Dominanz kurzfristiger Verwerterinteressen ist maßgeblich verantwortlich für die Flucht vieler Menschen in Drogen und für die Zunahme psychischer und physischer Krankheiten" (Ganser/Hesse/Zöpel, 1991, 133).

Weitere Entwicklungen zeichnen sich ab: Die Auflösung des sich „nivellierenden" Mittelstandes und die Zunahme einer qualifizierten gut verdienenden Schicht in den Städten. Unter diesen und ähnlichen Tendenzen zeichnen sich soziale Polarisierung, Gentrifikation und Ghettoisierungsprozesse als die räumlich erkennbaren Merkmale ab. Eine Entwicklung, die sich laut Herlyns (1980, 44) schicht - und quartiersspezifischen Nutzungsanalyse zum Teil auch in der regionalen Ungleichverteilung der öffentlichen Infrastruktur und Besiedlung widerspiegelt.

So ist bekannt, daß die Wahl des Wohnortes über verschiedene Differenzierungen erfolgt: über die funktionale, die Kosten - Nutzen - Analyse, über eine soziale Differenzierung, die Mietpreise und über die sozio - kulturelle Differenzierung, d.h. in welchem Milieu man wohnen möchte und kann.

Die Bewohner in Neubaugebieten oder sanierungsbedürftiger Altbausubstanz folgen in etwa der gleichen Systematik, wobei insbesondere die sozio - kulturellen Differenzierungen noch nicht so stark wie in den sogenannten sozialen Brennpunkten anderenorts ausgeprägt sind. Den meisten von ihnen aber ist eigen, daß sie gern aus diesen Wohngebieten ausziehen würden, aber finanziell dazu nicht in der Lage und oft auch nicht mobil genug sind. So befinden sich diese Gebiete zwar in der Stadt, aber als Gegend sind sie von ihr segregiert.

Durch die bereits ausgeführten Stigmatisierungs - und Etikettierungsprozesse kommt es sehr bald zu einer sogenannten Quartiersbildung, in der eine bestimmte Identität entwikkelt wird: hier leben nur Leute, die sich nicht leisten können, wegzuziehen, sozial Benachteiligte, Alte, ethnische Minderheiten etc. Diese Art der Quartiersbildung führt oft zu sozialem Zündstoff.

Begünstigt wird die Bildung solcher Quartiere in ostdeutschen Neubausiedlungen. Hier gibt es schon nach wenigen Jahren starke Segregationstendenzen: mobile und finanziell gut gestellte Mieter verlassen diese Gebiete, jene mit Wohnberechtigungsschein, also sozial Schwache, ethnische Minderheiten ziehen zu. Dadurch ist der Weg für eine homogene und sozial wenig durchmischte Bevölkerung geebnet, der für die Entwicklung von Gangs einen günstigen Nährboden bietet.

Einschränkend für die Bildung von Gangs wirkt sich die Bauweise aus: oft sind es langgestreckte Blöcke, sechsgeschossig, die sich gegenüberstehen, also ein Karee bilden und damit einen großen Innenhof erzeugen. Dieser bietet zwar einerseits günstige Möglichkeiten für eine Territoriumsabgrenzung und Quartiersbildung. Andererseits sind durch Fenster - und Balkonfronten überall Einsichtmöglichkeiten, so daß die soziale Kontrolle wenigstens teilweise gegeben ist. Demgegnüber ist die Gleichgültigkeit der Bewohner allerdings auch gestiegen (niemand will etwas gesehen haben).

Jugendliche aus sozialen Brennpunkten, die arm und zudem nicht mobil sind, verlassen kaum ihr Gebiet, bilden feste und dauerhafte „Schicksalsverbindungen", auch beispielsweise in Banden, und sondern sich von anderen städtischen Gebieten selbst ab. Sie schließen sich also keinen anderen städtischen Strukturen an, weil es ihrer Lebenswelt nicht entspricht. Im Gegenteil, sie bilden als Akteure ihres sozialen Umfeldes eine strukturelle und räumliche Quartiersidentität aus.

Beobachtbar ist dies Entwicklung in Gebieten mit vorwiegend ethnischen Minderheiten. So gibt es in den meisten ostdeutschen Neubaugebieten Häuserblocks, in denen vorwiegend deutsche Aussiedler aus der ehemaligen Sowjetunion (Wolgadeutsche) wohnen. Sie grenzen sich anderen gegenüber ab, behalten ihre kulturellen Werte und Normen bei und bilden eigene Schutz - und Hilfesysteme aus.

Die sozial - räumlichen Strukturveränderungen scheinen parallel zu Modifikationen städtischer Familienstrukturen zu verlaufen. So stellt Ganser (1991, 16) einen Trend zur Haushaltverkleinerung, der Zunahme der Haushalte fest und erwähnt, daß jeder zweite Haushalt in Städten ein 1 - Personenhaushalt ist. Neben sinkenden Eheschließungen, steigenden Scheidungsraten und zunehmenden kinderlosen Ehen, nehmen unverheiratete Paare zu und Kinder wachsen vermehrt ohne Geschwister auf.

Diese durch Du Bois (1994, 211) und andere nachgewiesenen Entwicklungstendenzen zur Pluralisierung von Familienverbänden erschweren die Identifikationsbemühungen vor allem junger Menschen. Die auch damit zunehmende Ungleichverteilung von Lebenschancen verdeckt hinter der vielbeschriebenen Lebensstilvielfalt und den steigenden Ansprüchen an die Selbstverwirklichung den Widerspruch zur gesellschaftlich postulierten Chancengleichheit und dem Demokratieprinzip.

Diese und andere Prozesse und Entwicklungen beschleunigen auch in den neuen Bundesländern soziale Disparitäten und begünstigen damit das Entstehen jugendlicher Banden, in denen sich Keime zu kriminellen Gangs entwickeln können. Im folgenden soll eine jugendliche Bande in einer mittleren Stadt im Osten Deutschlands vorgestellt werden, die bereits Züge einer entstehenden Gang zeigt.

5.3.1. Weißwasser - die Stadt der „23 G"

Die jugendliche Bande mit dem Namen „23 G" befindet sich im Übergangsstadium von einer Jugendkultur, den „Hip - Hopern", zu einer Gang und hält sich in Weißwasser auf. Es ist eine Stadt mittlerer Größe, die etwa 120 km von Dresden entfernt, in nordöstlicher

Richtung unweit der polnischen Grenze in der Oberlausitz liegt. Es ist eine typische ostdeutsche Stadt, die nach der gesellschaftlichen Wende die gleichen Probleme der wirtschaftlichen Umstrukturierung zu lösen hatte wie andere Städte auch.

Für das angrenzende Kraftwerk Boxberg wurden in der Stadt in den 70er Jahren Platten-
bausiedlungen gebaut, in denen die Arbeitskräfte wohnten. Heute ist sowohl die Glasindu-
strie als auch das Kraftwerk im Abbau begriffen, so daß die Arbeitslosenrate in Weißwasser ca. 25% beträgt, im genannten Neubaugebiet liegt sie noch höher.

Die Einwohnerzahl wird mit 32.630 Personen (Weißwasser 1995, 4) angegeben und ist in
den letzten Jahren ständig zurückgegangen. Der Überblick über die letzten fünf Jahre zeigt
einen bedenklichen Abwärtstrend (von 38000 1989 auf 32000 1995), wobei die Jugend-
migration aufgrund fehlender Perspektiven auf dem Ausbildungs - und Arbeitsmarkt besonders hoch ist. Im Niederschlesischen Oberlausitzkreis (Görlitz, Niesky, Weißwasser)
ist es die Stadt mit dem höchsten Anteil von Kindern und Jugendlichen (7540 im Altersbereich zwischen 7 und 21 Jahren).

Die Bevölkerungsdichte der Stadt beträgt 522 Einwohnern pro km2. Zum Vergleich: die
der Bundesrepublik wird mit 246 Menschen pro km2 angegeben. Damit liegt die Bevölkerungsdichte der Stadt mehr als das Doppelte über dem bundesrepublikanischen Durchschnitt. Im Neubaugebiet Süd, in dem sich die Gang herausgebildet hat, liegt sie bei ca.
634 Einwohner pro km2 (Stadtteil 5) und im Stadtteil 6 sind es sogar 1704 pro km2. Insgesamt wohnen im Neubaugebiet Süd ca. 7000 Einwohner, es ist damit das größte der
Stadt.

Obgleich diese Bevölkerungskonzentration für Neubaugebiete ostdeutscher Prägung eher
gering ist und mit der amerikanischer Slums nicht vergleichbar ist, treten hier die gleichen
Probleme auf wie anderenorts auch: starke Segregation der Bevölkerung, Monotonie des
Baustils, geringe Freizeit - und Erholungsmöglichkeiten, Entfremdungstendenzen unter-
einander, Trabantenstädte und damit verbunden Sinnleere. So verfügt die Stadt über fünf
Jugendverbände, elf Sport - und acht Kulturvereine, die für die über 7000 Kinder und Ju-

gendlichen offen stehen. Hinzu kommen städtebauliche Aspekte: die schlechte Anbindung an Warenmärkte, geringes Arbeitsplatzangebot, relativ hohe Rechtsunsicherheit der Wohnsubstanz, kaum Freiflächen, große Entfernungen zu kollektiv nutzbaren Gütern (Theater, Schwimmhalle, Bibliothek etc.).

Das Problem, was auch im genannten Wohngebiet entstand, ist, wenn abweichendes Aussehen/Verhalten mit Erfolg einer bestimmten Gruppe/Institution zugeschrieben wird, setzen Prozesse der Stigmatisierung und Isolation ein, die weitreichende Folgen haben kann. Durch den Stigmatisierungsprozeß entstehen neue soziale Beziehungen, andere Bezugspersonen treten auf, soziale Teilnahmechancen verringern sich.

Im allegemeinen bewirken diese Zuschreibungsprozesse nach Lemert (1975, 433) und anderen eine Veränderung der symbolischen und interaktionistischen Umgebung der betreffenden Personen/Gruppen/Institutionen. Aus einem solchen Geflecht von Folgen kann sich wiederum abweichendes Verhalten entwickeln als Antwort und Reaktion, ein Zirkelkreis, der nur schwer durchbrochen werden kann.

5.3.2. Schon Gang oder noch Jugendkultur?

Das, was wir in Weißwasser beobachten können, ist offenbar ein Übergangsphänomen zwischen einer jugendkulturellen Strömung, den „Hip - Hopern", zu einer beginnenden kriminellen Vereinigung mit Gangcharakter. Zunächst einige Ausführungen zu den Besonderheiten der Hip - Hop - Kultur.

5.3.3. Kurzcharakteristik des Hip - Hop

Bedeutung:	Hip - Hop kann mit Hüftsprung übersetzt werden, meint theatralisches Tanzen;
Entstehung:	Veränderung der urbanen Strukturen in Amerika in den 60er Jahren förderte das Aufkommen schwarzer Jugendbanden;
Musik:	Hip - Hop, Rap, bekannte Gruppen: „Massive Töne", „Such a Surge", „Freundeskreis";

Accessoires: weite Hosen mit Kette und weite Pullover, vielfach übereinander gezogen, Mützen, Inline Skates, Skateboards und Snakeboards;

Wertevorstellg.:   gegen Rassendiskriminierung und soziale Ungleichheiten, in der Regel jedoch unpolitisch;

5.3.4. Hip - Hop als Kommunikationssystem

Hip - Hop entstand als Kommunikationssystem in den 60er Jahren, mit dem sich schwarze Jugendliche anfangs völlig von den Weißen, deren Norm - und Wertvorstellungen und Kultur, ablösten. Hip - Hop fand nicht zuerst in den Medien statt, sondern auf der Straße als öffentliches Ereignis. Das gilt für Graffiti, ebenso für die Rap - Musik und den Breakdance, der auf "block parties" in Parks und Schulen aufgeführt wurde. Als ursprünglich rebellische, unkommerzielle Straßenbewegung wurde Hip - Hop schnell von den Massenmedien entdeckt und ausgeschlachtet.

Hip Hop ist narrative (erzählende) Musik, die soziale Probleme in endlos erscheinenden Text anspricht: Bandenkriege, Drogen, Waffen, Armut, Sexualität, Mode etc. Kein Thema wird vom Hip - Hop Diskurs ausgeschlossen. Deshalb scheint Hip Hop auf den ersten Blick auch die authentischste Jugendkultur zu sein. Andererseits bedient sie sich einer theatralischen Drastik, die für Außenstehende schwer zu verstehen ist. Der Rapper imitiert im Rap den Straßenkampf und ritualisiert ihn damit. Hip - Hop kann weder als sexistisch noch als gewaltverherrlichend dargestellt werden.

Es ist eine Jugendkultur wie viele andere, die soziale Probleme einerseits durch die Musik, andererseits durch die Darstellung auf der Straße verdeutlichen will. Wesentliche Elemente der Kultur sind: das Sprühen von Graffiti (Sprayen), Fahren mit Inline Skates, Skateboards und Snakeboards.

5.3.5. Charakteristik der Gruppe „23 G"

Die Gruppe besteht aus zwanzig Mitgliedern im Altersbereich zwischen 18 bis 23 Jahren. Sie fanden sich über die Musik des Hip - Hop zusammen, teilten gleiche Interessen des

Sprühens und Skatens und gaben sich einen Namen. Dieser ist auf 23 Gramm Haschisch zurückzuführen, das die Gruppe zur Eröffnungsparty verbrauchte. Der Name „23 G" ist gleichzeitig das Symbol der Clique, welches in der ganzen Stadt mittels Graffiti auf Häuserwände, Fabriken, neu renovierte Gebäude übertragen wird. Falls andere Sprayer ihre Zeichen setzen, dann bedarf es nur einer kurzen Zeit bis diese durch das Symbol „23 G" deutlich übersprüht werden.

Das Gruppengefüge ist vom Geschlecht und der Nationalität homogen (ausschließlich Jungen und Deutsche) und vom Herkunftsmilieu und Bildungsniveau ausgesprochen heterogen (aus allen Schichten der Bevölkerung und verschiedene Bildungsabschlüsse). Alle zwanzig Mitglieder haben eine abgeschlossene Schulbildung, mindestens die mittlere Reife (Abschluß der 10. Klasse) und haben einen sehr differenzierten sozialen Status. So befinden sich unter ihnen sechs Arbeitslose, zwei Selbständige (sie betreiben eine fahrende Imbiß), ein Medizinstudent, drei Zivildienstleistende. Die Übrigen sind meist in handwerklichen Berufen tätig (Maler, Installateur, Zimmermann).

Eher ungewöhnlich ist, daß vor allem die jüngeren Mitglieder der Gruppe noch bei ihren Eltern wohnen. Sie wissen in der Regel nichts von den kriminellen Aktivitäten ihrer Kinder, zumal sich diese äußerlich kaum von anderen ihres Alters unterscheiden. Offenbar aus Gründen des normalen Aussehens und ausgeübter Arbeitstätigkeiten ist das Verhältnis zwischen Eltern und Jugendlichen relativ ungestört. Sie wurden demzufolge nicht aus dem ökologischen Nahraum herausgedrängt. Viele von ihnen unterliegen keiner sozialen Kontrolle durch die Eltern, andere leiden unter einer zu starken, so daß der Ablösungsprozeß besonders erschwert wird. Andere wieder haben eine eigene Wohnung. Bis auf zwei von ihnen wohnen alle anderen im genannten Neubaugebiet Weißwasser Süd.

Es sind Jugendliche, die eine veränderte, größere Hemmschwelle in delinquenten Verhaltensweisen entwickelt haben, die eine höhere verdeckte Kriminalität zeigen. Sie üben Gewalt nicht mehr nur aus Fun, aus Spaß an der Freude aus, sondern oft aus Berechnung und schrecken vor Körperverletzungen nicht zurück.

Zing (1994, 68) verweist auf die Gewalt als generelles Mittel - und Großstadtproblem, das seit den 80ern durch die zunehmende Bewaffnung und Kampfausbildung der Jugendlichen einen neuen Charakter erfahren hat.

Warum angenommen werden kann, daß es sich bei der „23 G" um eine Übergangsform zu einer Gang handelt, ist deren organisiertes kriminelles Potential. Es reicht von Auto - und Fahrraddiebstählen (die man sogar gegen Gebühr verleiht - wird über Flyer bekannt gemacht), über die Entwendung ganzer Zigarettenaustomaten bis zur Sachbeschädigung durch Sprühen und Hausfriedensbruch.

Die Gruppe ist durch eine starke hierarchisch gegliederte Organisation gekennzeichnet. Die Führer sind bekannt und zeichnen sich durch durchdachte Aktionen aus, so daß auch kognitive Fähigkeiten und organisatorische Kompetenz eine Rolle spielen.

Um sich herum haben sie vertraute Personen, die zu den zwanzig Mitgliedern der Gruppe gehören. Nach außen hin geben sich alle gleich, gerade so als wären sie führungslos. Desweiteren kann von einer ganzen Reihe Gefolgschafter ausgegangen werden, die gern dazu gehören würden, sich aber erst durch bestimmtes Verhaltens als wertvoll für die Clique erweisen müssen.

Ihr Bildungsniveau und der soziale Status der meisten Mitglieder, die Herrschaft über eine ganze Stadt und der starke Organisationsgrad der Gruppe, lassen die Annahme einer Gang auf einer bereits fortgeschrittenen Entwicklungsstufe zu. Sie ist vielleicht am ehesten mit der Form der Corporate Gangs in den USA vergleichbar. Auch die „23 G" möchte die uneingeschränkte Macht, nicht nur über ein Wohngebiet, nein, über die gesamte Stadt.

Sie dulden keinen neben sich und grenzen deshalb ihr Territorium unverkennbar ab. Fast alle gut sichtbaren Hauswände sind mit dem Symbol der Gruppe besprüht, oft in Nacht - und Nebelaktionen, denn in jedem dieser Fälle liegt Sachbeschädigung von Eigentum vor. Rivalisierenden Gruppen wie der „KLG" wird unverkennbar gezeigt, wer in Weißwasser das Sagen und damit die Macht hat.

Ihre Wert - und Normvosrstellungen sind in erster Linie auf hedonistische Orientierungen gegründet - Spaß haben, Action, das Leben genießen. In ruhigen Stunden lehnt man sich zurück, versetzt sich durch Haschisch in einen Rauschzustand und harrt der angenehmen Dinge, die dieses Mittel verspricht.

Geld spielt wahrscheinlich keine dominierende Rolle, denn alle Mitglieder der Gruppe haben mindestens eine staatliche Grundsicherung in Form von Sozialhilfe. Ganz abgesehen von jenen, die Arbeit haben und damit über mehr Geld verfügen als andere. Wenn, dann kann höchstens von relativen, keiner absoluten Armut ausgegangen werden.

Die meisten Mitglieder der Gruppe können ihren materiellen Lebensanspruch auf ein recht niedriges Niveau zurückschrauben, sie sind also nicht ausgesprochen konsumorientiert. So beanspruchen sie in der Regel keine Markenartikel wie das bei vielen anderen Jugendkulturen der Fall ist. Nur bei Inline Skatern wird auf eine hohe Qualität und einen Markennamen geachtet.

Während die meisten Hip - Hoper in den USA aus sehr armen Verhältnissen stammen, trifft das auf Deutschland häufig nicht zu. Durch die Zahlung von Sozialhilfe an alle, die bedürftig sind, unabhängig von der Nationalität oder anderer Merkmale, ist keiner so arm, daß er auf die „Versorgungsinstanz" Straße angewiesen wäre.

Wenn das Geld nicht ausreicht, dann zieht die Gruppe gemeinsam los und organisiert, was zu organisieren ist. Da fehlen dort wieder mal ein paar Fahrräder und dort ein Auto. Mit dem erwirtschafteten Geld läßt sich weiterleben. Neben Haschisch - Feten organisiert die Gruppe inzwischen auch offiziell Hip - Hop - Konzerte in einem Jugendklub in Weißwasser. Insider wissen, daß die Konzerte halten, was sie versprechen. Nicht nur die Räume, auch die Kassen der „23 G" füllen sich. T - Shirts mit dem Symbol der Gruppe verdeutlichen, wer an diesem Abend Herr im Hause ist.

Mit Sprühaktionen an tristen Wänden oder Läden, die teilweise durch private Sponsoren sogar bezahlt werden, kann man sich wieder eine Weile über Wasser halten und leben, wie es dem hedonistische Stil gebührt.

Allerdings werden beim legalen Sprayen Tarnnamen verwandt, damit die Mitglieder der Gruppe nicht erkannt werden können. Ansonsten hätte die Polizei ein zu leichtes Spiel.

Wer aufmerksam durch die Stadt und Umgebung fährt, bemerkt sehr schnell, daß die Symbolik der „23 G" vor allem an stark frequentierten Stellen zu finden ist: an Bahndämmen, Schallschutzwänden der Autobahn (übrigens auch schon anderenorts) oder wie schon erwähnt, an Häusern und Wänden.

Nicht zu übersehen ist, daß sich die Gruppe nicht mit Kleinkram abgibt. Das „G" der Gruppe steht inzwischen für „23" - „gegen alle". Ganz Geübte registrieren auch schon stilistische Unterschiede Einzelner der Gruppe, die ihren Namen nicht vergessen, unter ihr Kustwerk zu setzen, ihn aber aus Tarnzwecken immer wieder mal wechseln und unterschiedlich stylen.

Politisch ist die Gruppe nicht, meint einer von ihnen einem vertrauten Sozialarbeiter gegenüber: „So mit Stiefeln, Kampfanzügen oder so ein Scheiß. Nee. Wir haben hier zwar ne alte DDR - Fahne hängen, aber bloß, weil die hier rumlag. Links oder rechts ist uns egal. Wir sind, wie wir sind. Auch mal voll, ja. Und der Alte (gemeint ist der Obdachlose, den die Gruppe 1993 fand), der ist richtig aufgeblüht, seit wir hier sind. Der braucht uns" (Hip - Hoper, männlich, 22 Jahre).

5.3.6. Raumaneignung durch die „23 G"

Die jungendliche Gruppe in Weißwasser hat sich in ihrem spezifischen Umfeld herausgebildet und entwickelt Aktivitäten, vor allem, um auf sich aufmerksam zu machen und zu zeigen, wer in dieser Stadt das Sagen hat.

Anfangs waren es Kinder und Jugendliche, die gemeinsame Interessen hatten und in der kalten Jahreszeit einfach ein Dach über den Kopf suchten. „Die Klubs in der Stadt gehen ja ohne Gängelei nicht ab" (Hip - Hoper, männlich, 18 Jahre). Mit langen Armen und Pistolen in der Hand zogen sie in diversen leerstehenden Gebäuden und Fabrikhallen der Stadt umher.

Bald wurden sie auf einem alten Werksgelände in der Berliner Straße mitten in der Altstadt fündig. Dort stießen sie auf einen Obdachlosen: „Der lag in einer Ecke. Wir dachten schon, der wäre tot. Aber der hat gepennt. der Arsch" (Hip - Hoper, männlich, 21 Jahre).

Dann fingen sie an, das alte Büro auszubauen als Jugendklub mit dem Namen „anc - Joint". Das Gelände hatte nach der Wende eine Investorengemeinschaft billig aufgekauft und seit dem fristete es ein unbenutztes Dasein.

Das war der Gruppe gerade recht und man richtete sich dort gemütlich ein. Die Wände des Innenhofes waren bald besprüht und schon begann man, sich einen Swimmingpool inmitten des Geländes zu bauen. Doch der sollte nicht fertiggestellt werden.

Eines nachts verfolgte ein Streifenwagen der Polizei einen jugendlichen Fahrer, der direkt in das Werksgelände fuhr. Und erst da, nach zwei Jahren, wurde man auf den Jugendtreff aufmerksam.

Es kam, was kommen mußte. Die Polizei durchsuchte die Hallen und fand allerlei Diebesgut: Autotelefone, Fahrräder, auch eine Registrierkasse war dabei, nur Täter wurden nicht gefunden.

Das Gelände wurde geräumt und gesichert. „Wer darauf geht, begeht Hausfriedensbruch" erklärt der Polizeichef. Und er fügt hinzu: „Kriminelle Banden gibt es in Weißwasser nicht" (Ufer, 1995, 6). Ganz nebenbei brannte die alte Baracke des Jugendtreffs aus.

Nach den Ursachen sucht man noch heute. Gegenwärtig wird das Gelände komplex saniert, kommerzielle Anbieter fanden sich für eine Nutzung als Autowaschanlage.

Die Gruppe „23 G" aber wurde aus dem ökologischen Ausschnitt verdrängt, für sie war kein Platz mehr im Umkreis der Stadt. Wohin sie gehen könnten? Diese Frage konnte ihnen bis heute keiner beantworten.

Die jugendliche Bande gab nicht auf. Wieder zogen sie aus, um sich ein Domizil zu suchen und wieder wurden sie fündig. Gezielt wurde ein subtiles Netz von Hinterhöfen und verlassener Bausubstanz durchforstet.

Die Aktion hat sich gelohnt. Es wurde eine ehemalige Brotfabrik gefunden, die wieder inmitten der Altstadt liegt und ein verlassenes Dasein führt.

Die Gegebenheiten sind sogar besser als zuvor: rechts daneben ein Jugendklub, links eine Nachtbar. Abends zieht hier Leben ein, Autos fahren heran, der Klub und die Bar füllen sich und ganz nebenbei auch das alte Büro der Brotfabrik mit Mitgliedern der „23 G".

Die Polizei merkte bis heute noch nichts davon. Ein neuer Treff wird gezimmert und es finden sogar Konzerte darin statt. Über Flyer wird der Termin verbreitet, ganz und gar konspirativ, nur die besten Freunde werden informiert.

Die meisten Mitglieder der „23 G" wohnen noch heute in ihrem angestammten Wohngebiet, sie wurden aus dem ökologischen Nahraum nicht verdrängt. Die elterlichen Beziehungen tragen ihre Heranwachsenden und geben ihnen ein Zuhause. Andere wohnen im ökologischen Nahraum des Neubaugebietes Weißwasser Süd.

Das Besondere gegenüber anderen jugendkulturellen Strömungen und Gangs, die vorgestellt wurden: beide ökologischen Zonen - das Zentrum und der Nahraum - gehören noch immer zu ihrem jugendlichen Aktionsradius, sie wurden ihnen nicht strittig gemacht.

Offenbar sehen sie aus wie ganz normale Kids von nebenan und noch dazu aus gut situierten Familien. Ihr Outfit verstößt nicht gegen traditionelle Wertvorstellungen, sie gehen regelmäßig arbeiten und ihre Kriminalität ist verdeckt. Jedenfalls konnte jenen Jugendlichen bisher keine Straftat nachgewiesen werden. Die Gruppe ist so gut organisiert, daß sie bei Delikten nicht überführt werden konnte. Obgleich Insider von genügend gemeinsamen kriminellen Aktionen wissen. Luppe meint: „Am liebsten lese ich den Polizeibericht in der Zeitung. Da stand ich schon oft drin" (Hip - Hoper, männlich, 23 Jahre).

Da die Gruppe in unmittelbarer Nachbarschaft des ökologischen Zentrums und Nahraums nichts Passendes fand, wo sie sich zurückziehen konnte: alles ist zubetoniert und die Innenhöfe der Plattensiedlungen sind zu übersichtlich und nicht geschützt genug, zog die „23 G" in den ökologischen Ausschnitt.

Hier fand sich genügend Platz, ganze Areale ungenutzter, alter Substanz, die sich nahezu für jugendliche Cliquen anbieten. In diesem Gebiet konnte sich die Gruppe profilieren - hier fand sie Aktionsraum.

Die jungen Menschen hatten zudem mit Behörden/Ämtern im ökologischen Ausschnitt aufgrund ihrer relativ unauffälligen Sozialisation wenig zu tun. Die Polizei schweigt und kann gegen die Sachbeschädigungen durch Graffiti wenig unternehmen, wenn man die Akteure nicht gerade auf frischer Tat ertappt.

Nur einmal duldete man die Gruppe nicht - im alten Werksgelände der Berliner Straße. Hier wurden sie aus der Zone drei herausgelenkt, wie es im Polizeideutsch heißt. Gegenwärtig scheint man nicht zu wissen, wo sich die Gruppe aufhält. Oder will man es nicht wissen? Daß es die Gruppe noch gibt, ist augenscheinlich - Häuser und Straßen von Weißwasser zeugen von ihr.

Es ist anzunehmen, daß irgendwann wieder einmal die Polizei Streife fährt und zufällig die „23 G" entdeckt und aus den besetzten Gebäuden verdrängt. Auch dann wird die alte Brotfabrik komplex saniert werden müssen, Schlösser werden vor die Tore gehängt, um sich so eines unbequemen Klientels entledigen zu können.

Wohin werden sie dann gehen? Werden sie sich noch straffer aus dem Frust ihrer einschlägigen Erfahrungen heraus organisieren, weil sie nirgendwo ein Dach über dem Kopf finden? Wie weit wird die Gruppe danach gehen? Wir nehmen an, dann nicht mehr von einem Übergangsphänomen einer Jugendkultur zu einer Gang sprechen zu können, sondern von einer organisierten kriminellen Bande, die längst die Zeichen einer Gang trägt.

Abbildung 8: Der Weg der „23 G" in Weißwasser

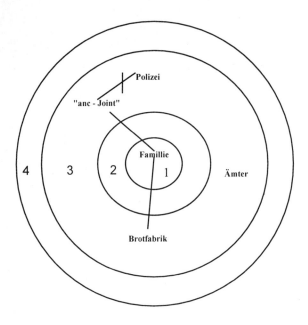

1 Ökologisches Zentrum
2 Ökologischer Nahraum
3 Ökologische Ausschnitte
4 Ökologische Peripherie

Hervorhebenswert ist aus dem geschilderten Bericht: Kriminelle Banden können aufgrund relativer Armut in Deutschland, wo jeder für den täglichen Lebensbedarf abgesichert zu sein scheint, bereits auf einem höheren Level in Gangs übergehen.

Die uns bekannten Scavenger - und Territorial Gangs in den USA, die aus den untersten und unteren Schichten der Bevölkerung kommen, schlechte gesundheitliche und ernährungsphysiologische Grundlagen haben, werden hierzulande vielleicht gar nicht entstehen. Oder könnte sogar jede Form von Gangbildung verhindert werden, würde man nur aus den Erfahrungen der USA lernen, würde man der Jugend dieses Landes eine individuelle und gesellschaftliche Perspektive geben können? Die Frage muß vorerst noch unbeantwortet bleiben, denn leider eilt noch immer die jugendliche Entwicklung dem noch so emsigen Wissenschaftler voraus.

6. Jugendkulturen und Gangs - ein Vergleich

6.1. Gemeinsamkeiten und Unterschiede zwischen Jugendkulturen und Gangs

Zunächst beide, Jugendkulturen in Deutschland und Gangs in den USA, haben das soziale und ökonomische Klima um sich herum nicht unbeantwortet gelassen. Sie sind wohl beide ein Indikator für nationalstaatliche Regression und Polarisierung der Gesellschaften.

Die Strukturen beider Gruppen entspringen direkt aus den dominanten sozialen, kulturellen und politischen Systemen, in welchen sie verankert sind. Sie sind vor allem Ausdruck sozialer Disparitäten und ökonomischer Ungleichheiten, die prägnant auf schichtspezifische Differenzierungen verweisen.

Es deutet alles darauf hin, daß Jugendliche neue Mittel und Wege zur Selbstverwirklichung im Leben suchen und finden, die unabhängig von traditionellen oder gängigen Vorstellungen sind.

Sie wollen sich im Zuge der Individualisierung nicht vorschreiben lassen, wie sie zu leben haben, auf welche Art und Weise sie erwachsene Rollen übernehmen.

Die Wurzeln des Entstehens von Jugendkulturen und Gangs sind unterschiedlich, obgleich zwischen beiden mehr Gemeinsamkeiten bestehen als angenommen, die zunächst herausgearbeitet werden sollen.

6.1.1. Die Gemeinsamkeiten zwischen Jugendkulturen und Gangs

Beide, Jugendkulturen und Gangs, grenzen sich bewußt von der traditionellen Gesellschaft ab und bilden eigenständige Widerstands - und Absetzbewegungen. Sie entwickeln also strukturelle und funktionale Eigenheiten, die sie von der Gesellschaft als Ganzes abgrenzen. Jugendliche motivieren ihre Feindbilder gegen das Establishment, den autoritären Charakter und die Reaktionäre. Sie sind auch Ausdruck eines neuen Selbstbewußtseins der Jugend, wo der Aufstand gegen den devoten Untertanengeist der Eltern und der Gesellschaft organisiert wird.

Sowohl jugendkulturelle Bewegungen als auch Gangs verdeutlichen eigene und autonome Lebensauffassungen, die sich zumeist von denen Erwachsener unterscheiden. Sie realisieren sie über bestimmte Stile, über Kleidung, Auffassungen, Lebensziele und markieren ihre spezifische Zugehörigkeit durch Symbole, die nur einer definierten Gruppe eigen sind.

Eine spezifische Musikrichtung oder Musikgeschmack unterstreichen die Zugehörigkeit zu einer bestimmten Kultur oder zu einer bestimmten Gang. Über den Musikstil und die Texte definieren sich auch die Lebensauffassungen und Haltungen dieser jungen Menschen.

Ganz im Gegensatz zur zunehmenden Individualisierung der Gesellschaft suchen sich junge Menschen ihre Heimstatt in Gruppenzusammenschlüssen. Sie finden in ihnen Halt und Verständnis fernab von elterlicher oder institutioneller Kontrolle. Hier können sie zumindest ein zeitlich begrenztes Domizil finden, das ihnen das Gefühl gibt, nicht allein zu sein. In der Regel können sie von gegenseitigem Verständnis für individuelle Problemlagen ausgehen, das ihnen oftmals zu Hause versagt bleibt.

Die Mitgliedschaften beruhen im großen und ganzen auf Freiwilligkeit, d.h., ob jemand einer Jugendkultur oder auch einer Gang beitritt, liegt im eigenen Ermessen, keiner wird dazu gezwungen. Hier soll zunächst bewußt ausgeklammert werden, daß es teilweise eine Notwendigkeit ist, sich zur Existenzsicherung einer Gang anzuschließen. Es gibt spezifische Rituale des Ein - und Austritts, die zwar bei Jugendkulturen lockerer, aber ebenso vorhanden sind.

Darin eingeschlossen sind gleiche Interessen, die dazu veranlassen, einer bestimmten jugendkulturellen Strömung oder Gang anzugehören. Es ist also in der Regel eine Organisation Gleichgesinnter, obwohl die Ziele und der Zweck, denen sie sich verpflichtet fühlen, unterschiedlich sein können.

Gemeinsam ist beiden auch, daß sowohl das Verhalten der Angehörigen von Jugendkulturen als auch von Gangs als gesellschaftlich abweichend charakterisiert wird. Es werden ihnen von seiten der Gesellschaft Abnormität im Handeln und ihrer Lebensart unterstellt. Wenngleich dieses Verhalten nicht als krank bezeichnet wird, ist es zumindest abwegig, eben nicht normal.

Das Anderssein der genannten Gruppierungen verstößt noch immer gegen Herkömmliches, wird nicht nur nicht verstanden, sondern kriminalisiert, stigmatisiert, so daß davon ausgehend wie von selbverständlich Opposition gegen die Erwachsenenwelt und bestehende Strukturen entwickelt wird.

Beides sind Oppositionen oder Protestbewegungen, die gegen die gesellschaftlichen Verhältnisse gerichtet sind. Ihr Nährboden liegt genau in diesen Verhältnissen begründet: in individueller und gesellschaftlicher Entfremdung, in sozialen und ökonomischen Disparitäten, in pessimistischen Zukunftserwartungen und in individuellen Problemlagen, um nur einige zu nennen.

Gerade weil die Verhältnisse so sind, ist der Differenzierungsgrad zwischen jugendkulturellen Strömungen und Gangs zwar vorhanden aber dennoch recht schmal. Der Übergang von einer kulturellen Bewegung zu einer kriminellen Vereinigung jedenfalls ist möglich und scheint auf recht durchlässigem Fundament zu stehen. Wird jungen Menschen in diesem Land keine Perspektive gegeben, die sich insbesondere in nicht gesicherten Ausbildungs - und Arbeitsplätzen, in zunehmender Armut und Entfremdung ausdrücken, dann ist der Übergang von einer Jugendkultur zu einer Gang möglich.

In diesem Zusammenhang soll noch einmal hervorgehoben werden: nicht jede Gangart ist mit einer kriminellen Vereinigung gleichzusetzen. Gerade Gangs im Frühstadium wie die Scavenger Gangs sind kaum von einer Jugendkultur zu unterscheiden. Auch sie wollen Fun und Action erleben, wollen gemeinsam die freie Zeit verbringen und ihr Leben genießen. Deshalb muß zwischen einer Nachbarschaftsgang und einer kriminellen Gang unterschieden werden. Erst wenn die Gang kriminelle Aktivitäten zur Sicherung ihres Lebensunterhaltes planmäßig organisiert und bewußt anwendet, kann von einer kriminellen Gang ausgegangen werden, auf die die herausgearbeiteten Unterschiede bezogen sind.

6.1.2. Die Unterschiede zwischen Jugendkulturen und Gangs

Die Unterschiede zwischen jugendkulturellen Strömungen und jugendlichen Gangs sind klar und präzise bestimmbar und verweisen auf grundsätzlich gesellschaftliche und politische Problemlagen. Im Folgenden sollen die wichtigsten genannt werden.

Jugendkulturen haben ihren Ursprung nicht in Armut oder Arbeitslosigkeit, sondern sind eher Indikator für Wohlstand und ökonomischen Konsum, der der Jugend in prosperierenden Zeiten eine bestimmte Kraft verleiht.

So gab und gibt die Jugend gerade in Wohlstandzeiten einen substantiellen Teil ihres Einkommens für den Freizeitkonsum aus: Kleidung, Accessoires, Alkohol, Kosmetik, usw. Der Markt der Freizeitindustrie erreichte mit ihr eine spezifische Bedeutung. Die Jugend entwickelte nicht zuletzt dadurch ein höheres Selbstbild und die Medien unterstützten sie dabei. Sie wurde in ökonomischer und kultureller Hinsicht eine nicht mehr zu übersehende Kraft.

Jugendkulturen lassen sich deshalb recht gut vermarkten, denn spezifische Stile und besonderes Outfit, wodurch sich einzelne Gruppen voneinander unterscheiden, erfordern neue Accessoires und entsprechende Kleidung. Insofern fungieren jugendkulturelle Strömungen als Konsumenten, während Gangs sowohl über den Konsum vor allem aber über Distributionsprozesse leben. Sie verteilen die Dinge, die sie sich „besorgt" haben.

Gangs dagegen entwickeln sich nicht in wirtschaftlichen Wachstumszeiten, sie sind Ausdruck von Armut, sinkender Wirtschaftskraft und abnehmenden ökonomischen Wachstums, hoher Arbeitslosigkeit sowie gravierender sozialer Disparitäten zwischen einzelnen Bevölkerungsgruppen.

Ein bedeutender Unterschied zwischen Jugendkulturen und Gangs, der daraus resultiert, ist, daß erstere eine reine Freizeitbewegung darstellt und Gangs sich mit ihrer Mitgliedschaft den Lebensunterhalt verdienen wollen und oft müssen. Es ist für sie demzufolge ökonomische Absicherung. Während das eine eine Kultur ist, ist das andere eine lebenssichernde Existenzform.

Dabei verstoßen Jugendkulturen in der Regel nicht gegen Gesetze menschlichen Zusammenlebens. Wenn sie auch nicht Normen und Werte der Gesellschaft ungefragt übernehmen, so werden sie bis auf wenige Ausnahmen akzeptiert. Gangs dagegen halten sich nicht an allgemein vorgegebene Gesetzlichkeiten. Sie bilden neue, die nur für das Territorium gelten, in denen sie leben und wirken. Wer die Werte und Normen des Ganglandes nicht befolgt, muß mit Sanktionen rechnen oder wird ausgestoßen.

Insofern kann auch davon gesprochen werden, daß Gangs eine interne Gesellschaft in der Gesellschaft bilden, denn sie legen eigene Lebens - und Verwirklichungsbedingungen in ihrem Territorium fest.

Keine Polizei oder andere staatlichen Instanzen sind hier zu finden, entweder aus Angst oder durch Korruption. Gangs schaffen sich ihre eigenen Strukturen, zerstören die Lebensbedingungen, das Lebensgefühl der normalen Bevölkerung. Jugendkulturen aber verändern nicht die Gesellschaft oder kreieren eine neue, jedoch wandeln Jugendliche sich in ihr.

Junge Menschen flüchten in ihren Kulturen gewöhnlich aus der belasteten Alltagsrealität in eine Scheinwelt, in der sie so sein können, wie sie es wollen. Bei Gangs handelt es sich weniger um eine Flucht in eine scheinbare Welt als vielmehr um die Schaffung einer neuen Lebenswelt, die nur für ihre Mitglieder Gültigkeit besitzt.

So sind Jugendkulturen wohl eher Ausdruck eines bestimmten Lebensgefühls. Fun, Action, Hedonismus sind nur einige Bestandteile dabei. Bei Gangs ist es nicht einfach ein Gefühl, sondern ist in der Regel harte Lebensnotwendigkeit.

Während Jugendkulturen als Katalysator gesellschaftlicher Prozesse gelten können, weil sie vieles neu hinterfragen, offene Probleme ansprechen und häufig ungewohnte Lösungen anbieten, sind Gangs das Produkt der Verelendung einzelner Bevölkerungsgruppen, Ergebnis gesellschaftlicher Prozesse.

Jugendkulturen sind kein Duplikat der Institutionen einer "normalen" Gesellschaft so wie die Familie oder ein Geschäftsbetrieb bei Gangs. Sie haben keine Rollenzuweisungen, keine einführenden Riten. Es ist nicht Ziel, mit dem Status Erfolg zu erzielen wie Geld, Job - Aussichten, Bildung und materiellen Besitz. Mitgliedschaft in Jugendkulturen ist Identität.

Sie betonen die Akzeptanz der alltäglichen Wichtigkeit der Freiheit über die Arbeit, kurzzeitigen Hedonismus eher als Leben, Spaß eher als Geld, sie erhalten diese fundamentalen Arbeiterklassenwerte in einer implizit politischen Ideologie gegen die Mittelklasse.

Kulturen im Jugendalter sind gesamtgesellschaftlich gesehen vorübergehend. Sie sind Ausdruck eines spezifischen, zeitlich begrenzten Weges beim Übergang ins Erwachsenenleben. Es ist also nur ein Übergangsstadium, das zur besseren Ablösung vom Elternhaus und beim Erwachsenwerden eine Hilfestellung leistet.

Mitgliedschaften in Jugendkulturen werden als freiwillig gewählter Status aufgegeben, sobald erwachsene Rollen übernommen werden. Der Altersdurchschnitt liegt hier bei 14 bis 25 Jahren.

Es ist durchaus legitim, daß Jugendliche gleichzeitig oder nacheinander, jedoch meist zeitlich auf das Jugdendalter begrenzt, mehrere Kulturen ausprobieren. Jugendkulturen bieten demzufolge keine Heimat an in dem Sinn, daß sie eine stabile Lebenswelt anbieten, in denen man sich auf Dauer einrichten kann, aber sie bieten für viele Jugendliche eine Erfüllung, einen Ersatz für vieles, was sie suchen, ihnen aber vorenthalten wird.

Gangs dagegen sind nicht auf das Jugendalter festgelegt und damit auf eine bestimmte Lebensperiode oder einen Lebensabschnitt in der Biographie, sondern reichen vom Kind bis zum Erwachsensein. Der Altersdurchschnitt liegt Publikationen zufolge bei 18 bis 27 Jahren. Viele werden schon Gangmitglied, wenn sie den Kinderschuhen gerade entwachsen sind. Andere finden im Jugendalter Zutritt, und wohl die meisten von ihnen verlassen die Gang ihr Leben lang nicht mehr. Sie werden hineingeboren und sterben durch oder in der Gang. Eigentlich sind diese Jungen bereits als Männer auf die Welt gekommen, sie durften nie Kind sein.

Auch hier ist es legitim, verschiedene Entwicklungsstufen auszuprobieren, zwar nicht gleichzeitig, aber hintereinander kann durchaus an unterschiedlichen Gangs partizipiert werden. Allerdings ist es die einzige Heimat, die Ersatzfamilie und das nicht nur für Jugendliche, die die Lebensrealität in ihren Handlungen und Verhaltensweisen verloren haben. Wer einmal einer Gang angehört und sich damit die materielle Existenz gesichert hat, kann sich kaum aus diesem Milieu aus eigener Kraft befreien.

Deshalb ist zumindest bei den Territorial - und Corporate Gangs von einer generativen Folge auszugehen. Vater und Mutter gehörten der Gang an und später die eigenen Kinder. Es ist also eine fortwährende Existenz, die keinen Übergangscharakter trägt und demzufolge nicht mehr aufgegeben wird.

Das trifft auf Jugendkulturen nicht zu. Wenn Vater oder Mutter in jungen Jahren einer kulturellen Strömung angehört haben sollten, dann müssen es ihre Kinder ihnen nicht gleichtun. Im Gegenteil, die Entwicklung in den einzelnen Szenen verläuft so schnell und dynamisch, daß es fast unmöglich ist, daß generative Folgen auftreten könnten.

Die meisten Jugendkulturen verfügen nicht über voll entwickelte und funktional effektive Strukturen, stecken ihre Territorien im allgemeinen nicht ab. Sie sind unabhängig von Gesicht - zu - Gesicht - Interaktionen mit anderen Gruppenmitgliedern oder von rigiden Kriterien des Eintritts, der Mitgliedschaft oder sonstiger, insbesondere existentieller und ökonomischer Verpflichtungen.

Die sogenannten Platzhirschrituale der Gangs, und zwar so lange bis die Welt in Gebietskartelle und Sequenzen aufgeteilt ist, sind auch ein Gradmesser für den aktuellen Entwicklungsstand der multikulturellen Gesellschaft. Offenbar brauchen Gangs Grenzen, um sie verletzen und wieder einreißen zu können.

Eine weitere Besonderheit, durch die sich Jugendkulturen von Gangs unterscheiden, ist die vielfältige Zersplitterung jugendkultureller Strömungen in Untergruppen, verschiedene Szenen, Cliquen, der sogenannte Prozeß der Tribalisierung.

Gangs bleiben relativ stabil, zergliedern sich nicht in differenzierte Unterformen auf. Ihre Mitglieder entfalten sich nur auf verschiedenen Entwicklungsstufen bis in die höchsten Ebenen, wo ihre Macht und ihr Einfluß am größten ist.

Der amerikanische Traum, und das zeigt gerade die Entwicklung der Gangs, ist nach wie vor die Betonung von Macht und Einkommen. Die sichtbarsten Unterschiede in der amerikanischen Gesellschaft liegen weniger in der sozialen Klasse oder Schicht als in der Rasse, der Ethik, der Sprache, dem Geschlecht und in den ländlichen gegenüber den städtischen Gebieten.

Das ist das Resultat der Einwanderung von verschiedenen kulturellen Gruppen in das Land und der Formation der Nachbarschaften in den Städten. Das ist aber auch Produkt einseitiger städtischer Segregationsprozesse, indem homogene Bevölkerungsgruppen ein spezifisches Wohnquartier beziehen und dort ihre Kultur beibehalten, um sich so als Minderheit zu schützen.

In der zuletzt genannten gesellschaftlichen Bedingung sind auch die Wurzeln der beginnenden Entwicklung der Jugendgangs in Deutschland zu suchen, die gegenwärtig verstärkt im Osten beobachtet werden. Sie fallen bei jenen Teenies auf fruchtbaren Boden, die frühzeitig auf der Straße leben. Sie beginnen mit der Abgrenzung ihres Territoriums, um in diesem ihren materiellen Lebensunterhalt zu verdienen. Ihre Handlungen sind meist von nicht vorausberechenbarer Intensität, sie haben keinen anderen Zweck als sich selbst und anderen zu beweisen, daß sie verbrecherisch handeln können.

Besonderes Augenmerk ist auf Neubaugebiete ostdeutscher Prägung zu richten. Hier können sehr bald homogene Einwohnerstrukturen entstehen, die dadurch begünstigt werden, daß alle Bessergestellten und Mobilen das Wohngebiet verlassen und jene, die keine andere Alternative haben, verbleiben. Die Vergabe von Wohnberechtigungsscheinen für letztgenannte Gruppen in diese Plattensiedlungen beschleunigen diesen Prozeß noch.

Zwischen jugendkulturellen Gruppierungen und Gangs zeigen sich auch gravierende Unterschiede hinsichtlich der Kriminalität. Mitglieder von Jugendkulturen verüben Delikte meist unter einem gewissen Gruppendruck, denn hier sind sie stark und trauen sich mehr zu als allein. Ihre Kriminalität resultiert oft auch aus Spaß oder Freude am Risiko. Handlungen und Verhaltensweisen von Gangs bauen dagegen direkt auf kriminellen Aktionen auf, sie sind Basis des Lebens auf der Straße und der Existenzsicherung.

Die Erwachsenenwelt nimmt jugendkulturellen Gruppen gegenüber deshalb eine differenzierte Haltung ein: Sie reicht von Ablehnung bis Wohlwollen, währenddessen sie auf die Entwicklung von Gangs nur mit Ablehnung und Verachtung reagiert.

Im Übergang von einer jugendkulturellen Strömung zu einer Gang, der recht schnell möglich ist, sind insbesondere jene Kinder und Jugendliche gefährdet, die ein bestimmtes Delinquenzmaß bereits überschritten haben. Sie wissen, daß sie es ohnehin im Leben zu nicht viel mehr bringen können, denn das meiste, was sie haben, wird ihnen zur Abzahlung des bisherigen Schadens abverlangt. Eine Familie zu gründen und ein ganz normales Leben zu führen, ist für sie meist hoffnungslos, sie kommen kaum wieder auf die Beine.

Vor allem wenn durch Delikte mehr verdient werden kann als durch konventionelle Arbeit, bleiben viele von ihnen in der Bande und machen so lange weiter, bis sie wieder auf frischer Tat ertappt werden.

Jugendkulturen sind in der Regel Jungenkulturen, weil sie dem stärker nach außen gerichteten Lebensgefühl von ihnen mehr entspricht. In den Strukturen der Gangs ist eine solche Geschlechterdominanz nicht feststellbar. Es gibt reine Mädchen – und Jungengangs ebenso wie es gemischte Gruppen gibt.

Ebensolche Unterschiede existieren hinsichtlich der Zusammensetzung der Gruppierungen: während Jugendkulturen eher aus heterogenen Gruppenmitgliedern bestehen, d.h. unterschiedliches soziales Milieu, differenziertes Bildungsniveau oder verschiedene ethnische Gruppen, sind es bei Gangs oft auch homogene Gruppen, zumindest auf einzelne Merkmale bezogen. So sind uns beispielsweise Türkengangs bekannt ebenso wie Gruppen, die vorwiegend aus Kindern der untersten Schichten der Gesellschaft bestehen mit schlechtem Bildungsniveau usw.

Insgesamt bestehen mehr Unterschiede als Gemeinsamkeiten zwischen Jugendkulturen und Gangs. Beide haben verschiedene Ursachen und Wurzeln. Jugendkulturelle Gruppen sind zwar nicht Ausgangsbasis für das Entstehen von Gangs, Jugendkulturen können allerdings in Gangs übergehen. Die Keime können in Jugendkulturen angelegt sein.

Sie am Wachstum zu hindern, das ist eine äußerst wichtige Frage zukünftiger Entwicklung. Beruhigend ist, daß in Deutschland die Entfaltung der Gangs aufhaltbar ist, auch durch präventive sozialarbeiterische Tätigkeit und die geringeren Dimensionen, die noch überschaubar sind. In den USA geht es beim jetzigen Entwicklungsstand eigentlich nur noch um die Eindämmung der Gangaktivitäten und um die Verhinderung weiterer Ausprägung.

Und dennoch scheinen beide, Jugendkulturen und Gangs, den gesamtgesellschaftlichen Integrationsprozeß verloren zu haben. Sie fristen als vereinzelte Einzelne mehr und mehr gegeneinander abgeschottete Existenzen, die nur noch zum Teil einen übergreifenden kollektiven Erfahrungszusammenhang besitzen. Die früher relativ stabilen "Zwischeninstanzen" zwischen Familie, Arbeitsteam und Nachbarschaft verlieren an Bedeutung. Die globalen gesellschaftlichen Probleme schlagen gewissermaßen direkt auf das vereinzelte Individuum durch, ohne daß irgendeine Abfederungsinstanz dazwischen eine effektive Hilfestellung anbieten könnte (Möller 1995: 60).

Die prägnantesten Unterschiede zwischen Jugendkulturen und Gangs sind in der folgenden Tabelle noch einmal kurz zusammengefaßt.

Tabelle 1: Unterschiede zwischen Jugendkulturen und Gangs

	Jugendkulturen:	Gangs:
Freizeitbewegung/kulturelle Bewegung	ja	nein
Ökonomische Abhängigkeit	nein	ja
Rollenzuweisungen	nein/vereinzelt	ja
Definiertes Territorium	nein	ja
Beziehungsstrukturen	locker/unverbunden	verbunden
Organisationsform	locker	straff
Eintrittsbedingungen	nicht vorhanden	vorhanden
interpersonelle Strukturen	eng	sehr eng
Form der Gruppenstruktur	offen	geschlossen
Zusammensetzung der Gruppe	homogen / heterogen	heterogen
Handlungsziele	nicht vorgegeben	vorgegeben

Quelle: Gisela Thiele, DIESACAD.DOC./11/97;

Insgesamt ist es wohl berechtigt zu sagen, daß sowohl jugendliche Kulturen als auch Gangs eine Selbsthilfeaktion gegen Individualisierung und Entfremdung in gesellschaftliche Verhältnisse und Entwicklungen sind, die dazu dienen, in der Gruppe Schutz zu suchen und individuellen Halt zu finden.

Die genannten Tendenzen und Entwicklungen deuten darauf hin, daß sich zukünftig nicht nur die uns bekannten Jugendkulturen in Deutschland weiter entwickeln werden, sondern auch Jugendgangs. Sie können als eine Reaktion der Jugend in Situationen ökonomischer Ungleichheit, als Funktion historischer und sozialer Differenzierungen in der vorherrschenden Kultur verstanden werden.

Einen solchen Zirkelkreis zu durchbrechen ist nicht zuletzt Aufgabe der Jugendhilfe, die allerdings allein, ohne politische oder kommunale Unterstützungsleistungen auf verlorenem Posten steht.

6.2. Analyse jugendlicher Raumnutzung nach dem philosophischem Modell

Jugendliche brauchen Räume, um sich selbstverantwortlich entfalten und entwickeln zu können. Sie benötigen sie, um frei atmen zu können, um sich in ihren autonomen Lebensvollzügen auszuprobieren. Sie nutzen Räume nach ihren eigenen Vorstellungen: um sich zurückzuziehen, allein zu sein, für das Treffen mit dem Partner/der Partnerin, mit Freunden, vor allem aber für die Gleichaltrigengruppe. In dieser erfahren sie, wer sie im Blickwinkel anderer sind.

Dieser Spiegel dient Jugendlichen zur Selbstfindung in einer Phase, wo sie sich von der Herkunftsfamilie trennen und individuelle erwachsene Lebensentwürfe gestalten. Innerhalb einer Gleichaltrigengruppe lassen sich diese Erfahrungen effektiver sammeln, werden Feedbacks gegeben, die helfen, die entsprechenden Entwicklungsaufgaben lösen zu können.

Weil das so ist und der Kommunikationsform in der Gleichaltrigengruppe eine zentrale Bedeutung zukommt, benötigen junge Menschen freie Räume, in denen sie ungestört und relativ unkontrolliert zusammensein können. Dabei kommt es neben der Größe auf die Beschaffenheit und Lage an. Es müssen vor allem Orte sein, wo die Ansprüche nach freier Entfaltung und Autonomie realisiert werden können, wo die soziale Kontrolle nicht einengend wie Fesseln ist.

Werden Jugendlichen solche Räume nicht zur Verfügung gestellt, wird Ihnen ihr Lebensraum immer wieder strittig gemacht oder ihnen Beschränkungen auferlegt, dann suchen sie sich diese Räume oder definieren sie entsprechend ihrer Bedürfnisse um. Diesbezüglich gibt es zwischen Jugendkulturen und Gangs keine Unterschiede. Beide benötigen Räume zur Gestaltung individueller Lebensentwürfe.

Bezüglich einer Analyse nach dem spezifischen Lebensraum junger Menschen soll zunächst noch einmal auf das philosophische Raummodell verwiesen werden.

Sicher gibt es theoretisch gesehen genügend Platz für Jugendliche, allerdings entspricht dessen Beschaffenheit nicht immer den Ansprüchen „artgerechten", jugendgemäßen Lebensraums. Freie Plätze für jugendliches Leben einzufordern bedeutet, sich entfalten zu können, ohne ein vorgegebenes, genau definiertes Quadrat nutzen zu müssen. Es bedeutet auch, nicht alle Plätze zuzubetonieren für Park - und/oder Gewerbeflächen.

Die Nutzungsplanung der Städte, insbesondere der von Neubaugebieten, ist genau festgelegt. Kein Quadratmeter wird ausgespart. Der Raum ist eingeteilt in Parzellen vorgegebener Nutzungen. Wenn dabei überhaupt an Räume für Jugendliche gedacht wird, in der Regel werden höchstens Kinder mit Spiel - und Abenteuerplätzen bedacht, müssen sie nicht als solche anerkannt werden. Gegenläufige Anwohnerinteressen nach Ruhe oder Action, zu starke, einengende soziale Kontrollmechanismen, zu zentral oder zu abgelegene Orte, all das und anderes können Gründe sein, warum vorgeplante Räume von Jugendlichen nicht anerkannt bzw. angenommen werden.

Nicht zu übersehen ist, daß in Nutzungsplanungen junge Menschen mit ihren spezifischen Interessen nicht einbezogen werden. Die Vorstellungen erwachsener Lebenswelten werden nach denen junger Menschen nicht hinterfragt. Genau diese Mechanismen sind es, die zu Fehlnutzungen, zu besetzten Räumen, zur Umdefinition und nicht zuletzt zu Verdrängungsprozessen Jugendlicher führen.

Problematisch ist, daß gerade in der Pubertätsphase oftmals zweifache Verdrängungsprozesse stattfinden: der aus der Familie, weil Eltern und Kinder nur schwer eine gemeinsame Verständigungsbasis finden (auch hier setzen Erwachsene die Leitvorgaben fest) und der aus dem öffentlichen Raum, denn Jugendgruppen stören gewöhnlich, machen Lärm und fallen auf.

Zudem geht es trotz des Bedürfnisses nach ungestörten Räumen auch bei Jugendlichen um die Frage, welche Nachbarschaftsbeziehungen, welche Verflechtungen ihnen in bestimmten Lebenslagen und Lebensumständen gewährt werden müssen und sollen. Tatsächlich werden sie jedoch in einer für sie selbstbestimmten, autonomen Phase der Ablösung vom Elternhaus vielfach allein gelassen, fehlen ihnen die Bindungen an die Nachbarschaftsräume, werden sie in Politik und Demokratie wenig einbezogen.

Bestimmte räumliche Gegebenheiten sind auch für und durch die Jugend zu akzeptieren: der private und öffentliche Raum, der Raum der Familie und der der Gesellschaft, der Freizeitraum und der Raum der Arbeit. Alle diese Räume verlangen nicht nur bestimmte Qualitäten, sie verlangen auch ein Miteinander und gegenseitige Rücksichtnahme. Insofern ist in den Ausführungen des Buches zwar der innere Raum, der Raum der individuellen Wahrnehmung, der Träume, Hoffnungen und Leidenschaften, bei den Betrachtungen ausgeklammert worden. Dennoch kann er, wie bereits festgestellt wurde, dunkel oder hell sein, weit und licht oder eng und versperrt. Und dieser innere Raum wird entscheidend vom äußeren geprägt und beeinflußt. Auch eine solche Betrachtungsweise sollte im turbulenten Alltag nicht ganz vergessen werden.

Im inneren und äußeren Raum spielen sich unser Leben, unsere Zeit und Geschichte ab, in dem sich junge Menschen einerseits entwickeln, andererseits zerstört werden können. Es sind dies insgesamt die Plazierungen, die die sonderbare Eigenschaft haben, sich auf alle anderen Räume zu beziehen, mit ihnen in Verbindung zu stehen. Konkret kann der zentrale Ort des Lebensmittelpunktes, die Familie, ein gemiedener oder gesuchter Ort für junge Menschen sein wie jeder andere beliebige Ort ebenso.

In der philosophischen Betrachtung wurden fünf Aspekte bei der Raumnutzung hervorgehoben, die im folgenden hinsichtlich jugendlicher Raumnutzung analysiert werden sollen, um die Differenzierungen zur Erwachsenenwelt herauszuarbeiten.

1. Immer gab und gibt es privilegierte, geheiligte, geschützte oder auch gemiedene Or-
    te, die jenen vorbehalten sind, die sich in einer bestimmten Situation befinden. Es
    sind dies Orte, die Menschen zuweilen ausfüllen, die sich im Verhältnis zur Gesell-
    schaft und ihrer Umwelt in einer bevorzugten Lage oder in einem Krisenzustand be-
    finden. Wir meinen, dieses Recht geheiligter und geschützter Orte werden Jugendli-
    chen wesentlich weniger zugestanden als Erwachsenen. Jugendliche, die sich bei-
    spielsweise oppositionell gegenüber der Gesellschaft verhalten, werden, wenn mög-
    lich, weggesperrt, zumindest wird ihnen ihr Lebensraum strittig gemacht (Punks -
    Hausbesetzung).

2. Orte oder Räume entwickeln sich im Laufe ihrer Geschichte spezifisch und unterlie-
    gen ganz deutlichen örtlichen Bestimmungen innerhalb der Gesellschaft und Kultur.
    Das trifft uneingeschränkt auch auf jugendliche Räume zu mit der Einschränkung
    nur, daß diese schon immer an den Rand gedrängt waren. Das ist übrigens nicht nur
    räumlich, im engeren Sinne des Wortes, sondern auch im weiteren (im Denken Er-
    wachsener) gemeint.

3. Alle Orte sind an bestimmte Zeitabschnitte gebunden, an Zeitverläufe. So ist das
    Treffen in Gleichaltrigengruppen, in Cliquen ebenfalls an einen bestimmten Zeitab-
    schnitt, in der Regel die Jugendzeit gebunden. Wenn die Identität gefunden und sta-
    bilisiert ist, erwachsene Rollen übernommen werden, dann haben diese ihre zeitwei-
    lig entscheidende Bedeutung verloren. Das trifft auch auf die Nutzung jugendlich
    bestimmter Räume zu. Die Anforderungen an den Raum verändern sich demzufolge
    mit der Dynamik der Lebensläufe. Ebenso gibt es Räume, die nicht an langfristige
    Zeiten gebunden sind, sondern im Gegenteil an das Flüchtige, Vorübergehende,
    Schnelle: das Fest, die Disco, die Action auf kurze Zeit. Diese kurzfristigen Räume
    sind insbesondere Jugendlichen vorbehalten und sie werden bei Nutzungsplanungen
    eher berücksichtigt.

4. Räume setzen immer ein System von Öffnungen und Schließungen für bestimmte Menschen voraus. Im allgemeinen sind deshalb einzelne Plätze nicht ohne weiteres zugänglich. Wir behaupten, daß Jugendliche mehr von Ausschließungen als von Öffnungen betroffen sind. So erhalten junge Menschen weniger Zugang zu politischen Räumen, in Parlamenten und Selbstbestimmungsgremien. Nicht selten werden sie überhört oder völlig ignoriert (Behandlung von Punkern oder Grufties in Behörden). Aus anderen Räumen wieder (Rotary Klub) werden sie wegen ihrer materiellen Ausstattung ausgeschlossen, oder weil sie sich den Wert- und Normvorstellungen nicht anschließen wollen, die sich bereits in diesem Raum befinden.

5. Schließlich hat jeder Raum eine Funktion: die Bewahrungs - und Schutzfunktion, eine Entwicklungsfunktion und vieles mehr. Werden diese Funktionen auch jugendlich bestimmten Räumen zugestanden? In der Regel wohl kaum. Zumindest Schutz - und Entwicklungsfunktionen werden durch erwachsene Vorbestimmungen und geplante Festlegungen oft übergangen.

Letztendlich kann philosophisch betrachtet zusammengefaßt werden: Der Raum ist lebendig, dynamisch, nicht stillstehend oder von vornherein festgelegt oder vorherbestimmt. Es ist ein Ort, der aus sich und in sich lebt, der in sich geschlossen und ebenso offen ist, der an seine Grenzen stößt oder sie auflöst. Allerdings ist zu bemerken, er ist nicht für alle gleich, denn für jugendkulturelle Strömungen, erst recht für Gangs, ist er außerordentlich begrenzt. Nicht jeder kann sich in ihm verwirklichen, ihn besetzen, umfunktionieren, schließen oder öffnen. Das hängt entscheidend von den gesellschaftlichen Verhältnissen, ihren Normen und Werten und nicht zuletzt von vorgegebenen Leitlinien Erwachsener.

6.3. Analyse jugendlicher Raumnutzung nach dem sozialökologischen Modell

Jugendliche durchlaufen in ihrer Lebensbiographie nacheinander, zuweilen auch gleichzeitig, verschiedene sozialökologische Zonen. Nachdem einige jugendkulturelle Strömungen und Gangs in ihrer Raumaneignung entsprechend des Zonenmodells analysiert worden sind, können sowohl Differenzierungen als auch Gemeinsamkeiten herausgearbeitet werden.

Es ist auffällig, daß Mitglieder von Jugendkulturen ebenso wie von Gangs aus dem ökologischen Zentrum, ihrer Herkunftsfamilie, also der Zone 1 früher als andere ihrer Altersgenossen herausgedrängt werden. Die emotionalen Bindungen zu ihr scheinen in der Regel lockerer zu sein, der Halt geringer. Beide verlassen relativ frühzeitig das Elternhaus: die einen, weil die gemeinsame Basis der Kommunikation und Verständigung gestört ist, die anderen, weil sie ihre Lebensexistenz auf der Straße sichern müssen. Die vordergründige Erklärungsbasis dafür ist sicherlich das Anderssein, oftmals auch die Opposition gegenüber traditionellen erwachsenen und gesellschaftlichen Wert - und Normvorstellungen.

Dieses Anderssein, was sich in spezifischen Kleidungsstilen, in bestimmten Accessoires und Symboliken ausdrückt, verstößt gegen die genannten Vorstellungen und stempelt, etikettiert diese Jugendlichen als Ausgestoßene, Nichtverstandene, vielleicht auch Angsteinflößer ab. Eltern können sich mit dem Anderssein ihrer Kinder gegenüber ihrer Außenwelt, Bekannten, Freunden und Arbeitskollegen kaum abfinden und tolerieren es nicht. Sie trennen sich eher von ihren Kindern, grenzen sich ihnen gegenüber ab als gegen traditionelle Vorstellungen und das Ansehen ihrer Familie zu verstoßen. Beispiele zeigen, daß ihnen bei „Nichtbesserung" zunächst das eigene Zimmer entzogen wird und die Garage oder der Hausflur als Schlafmöglichkeit angeboten werden, bevor man sich ganz von den eigenen Kindern lossagt. Der Druck der öffentlichen Meinung, der auf den Eltern liegt, wird auf den Rücken ihrer Kinder und Jugendlichen ausgetragen.

Ein weiterer Aspekt sollte im ökologischen Nahraum analytisch Berücksichtigung finden: Die Wohnungen, in denen Kinder und Jugendliche aufwachsen, sind von unterschiedlicher Substanz. Zumindest bei Gangmitgliedern ist von eher ärmlichen materiellen Verhältnissen auszugehen, so daß sie oft nicht über ein eigenes Zimmer verfügen, sondern es mit anderen Geschwistern teilen müssen. Ihre individuellen Entfaltungs - und Entwicklungsbedingungen können dadurch eingeschränkt sein.

Die zweite Zone, der ökologische Nahraum, in dem Kinder die ersten Außenbeziehungen aufnehmen, ist durch spezifische Umweltbedingungen charakterisiert. Dabei ist das Wohngebiet, die eigentliche Nachbarschaft entscheidend für das Lebensgefühl heranwachsender Kinder.

Weite Bebauungen mit aufgelockerten Grünanlagen, wo nicht jeder Zentimeter bebaut ist und die Verbotsschilder (Rasen betreten verboten) nicht überhand nehmen, befördern eine natürliche Ausgelassenheit und Raumeroberung durch Kinder und Jugendliche. In solchen Gebieten ist auf Grund freier Bebauungen eine recht unkomplizierte Raumaneignung auf Zeit, wie sie bei Jugendkulturen üblich ist, möglich. Die sozialen Kontrollmechanismen sind hier durch lose Nachbarschaftskontakte und Bekanntschaften gegeben, engen aber meist nicht ein.

Allerdings gibt es genügend Nachbarschaften, in denen Gangs Areale auf Dauer besetzen, die aus einem subtilen Netz von Hinterhöfen und Nebengelassen, aus leerstehenden Fabriken oder Lagerhallen bestehen. Die Bausubstanz ist hier in der Regel schlecht, die Bevölkerungsdichte hoch und die Bevölkerungsstruktur homogen.

Dadurch entstehen segregierte Wohngebiete, die eher gemieden als bevorzugt werden, weil es hier keinen hinzieht. Stadt und Kommunalplaner sollten aus diesem Wissen heraus einseitige Einwohnerstrukturen zu vermeiden helfen. In diesen Gebieten finden Heranwachsende zwar genügend Platz, aber die Beschränkungen, die dort der normalen Bevölkerung auferlegt werden, sind der jugendlichen Entwicklung nicht förderlich.

Die dritte Zone ist durch funktionsbestimmte Beziehungen charakterisiert. Der Kindergarten, später die Schule und der Jugendklub, werden zu kulturellen Treffpunkten Gleichaltriger im ökologischen Ausschnitt. Hier gilt für die Beschaffenheit und Besetzung von Räumen Gleiches wie in Zone 2.

Wichtig ist jedoch, daß Kinder und Jugendliche entsprechende Freizeit - und Betätigungsfelder in diesen Gebieten finden, sie in ihren freizeitbestimmten Zusammenhängen Erfüllung, Entfaltung und Schutz erfahren. Das ist eine wichtige Voraussetzung, sich nicht kriminellen Ganggruppierungen anzuschließen, sondern in zeitweiligen Cliquen oder Jugendkulturen eine vorübergehende Heimstatt zu finden, die ihnen in der Phase der Ablösung vom Elternhaus Hilfe und Unterstützung bietet.

Die vierte Zone, die ökologische Peripherie soll Jugendlichen alternative Handlungsmöglichkeiten zur Verfügung stellen, die auf die freie Entfaltung und Entwicklung gerichtet sind. Die Ferienunterbringung, der Besuch von Freunden in anderen Städten oder die Disko außerhalb alltäglicher Handlungsräume bereichern den Horizont und ermöglichen weitere Vervollkommnung.

Dazu bedarf es jedoch infrastruktureller Voraussetzungen und einer materiellen Basisausstattung, die Ferien - und Freizeitbetätigungen außerhalb des Wohngebietes gestatten. Deshalb kann die ökologische Peripherie in der Regel eher von Mitgliedern jugendkultureller Strömungen, die auf einer bestimmten Wohlstandsbasis aufwachsen, genutzt werden als von Gangs, die materiell ungesichert, ihr Leben auf der Straße verbringen, ja es mit deren Hilfe „verdienen".

Räume werden also auch sozialökologisch unterschiedlich stark von Jugendkulturen oder Gangs besetzt und ihre Beschaffenheit, ihre territoriale Lage und Größe begünstigen oder verhindern die Aneignung oder Eroberung dieser Räume.

6.4. Unterschiede in der Aneignung von Räumen zwischen Jugendkulturen und Gangs

Die Prozesse der Aneignung und Besetzung von Räumen bei Jugendgangs unterscheiden sich zunächst nicht grundlegend von denen jugendkultureller Strömungen. Beide eignen sich Räume an, definieren sie entsprechend ihrer Lebens - und Wertvorstellungen um oder nutzen sie eigenbestimmt.

Die in Kapitel 3.3. beschriebenen fünf Möglichkeiten der Raumaneignung durch Jugendliche - die Eingliederung in verschiedene Zonenangebote, die Aneignung von jugendbestimmten Räumen, die Teilaneignung von Räumen, ihre Umdefinition und schließlich die völlige Besetzung - werden unterschiedlich stark von jugendkulturellen Strömungen oder Gangs genutzt.

In der Regel gliedern sich Jugendkulturen und auch Scavenger - Gangs ohne Probleme in verschiedene Zonenangebote ein. Sie verbringen dort ihre Freizeit, ohne daß die Bevölkerung ihnen gegenüber Anstoß nimmt. Sie treffen sich an jenen Orten, wo sie ungestört kommunizieren können, stehen an Ecken, um sich in der Clique auszuleben und Gleichgesinnte zu finden.

Die große Mehrheit jugendkultureller Gruppierungen greift auf die Aneignung jugendbestimmter Räumlichkeiten zurück - den Jugendklub, die Freizeitbühne, das Jugend - Cafe usw. Im Osten Deutschlands sind deshalb diese Stätten untereinander aufgeteilt - hier treffen sich die Skins, dort die Punks.

Beide verlangen eigene Räumlichkeiten, in denen sie ihre Freizeit verbringen können, wo sie ungestört von anderen Kulturen sind. Seit dieser Aneignung und Aufteilung haben sich konfrontative Auseinandersetzungen zwischen ihnen verringert, denn jede Kultur hält ihre Räume fest und sichert sie anderen gegenüber. Die Besucher dieser Räume wechseln mit den Rollen und Anforderungen, die an sie gestellt werden.

Die Teilaneignung von Räumen ist insbesondere Wohlstandskids wie den Ravern - und/ oder der Technoszene vorbehalten, die öffentliche Straßen und Plätze zu bestimmten Zeiten als Tanzfläche nutzen. Sie beharren nicht auf ganzzeitliche Nutzung von Räumen, wie es andere Jugendkulturen und insbesondere Gangs tun.

Relativ häufig ist auch die Umdefinition von Räumen sowohl von jugendkulturellen Strömungen als auch von Gangs. Sie akzeptieren hier nicht deren eigentliche funktionale Bestimmung zum Beispiel als Bahnhof oder Geschäft, sondern gebrauchen diese für gruppeninterne Besetzungen.

Die völlige und dauerhafte Besetzung von territorialen Sektoren, von Wohngebieten oder Nachbarschaften durch teilweise sichtbare Grenzziehungen ist jedoch nur Gangs eigen. Sie entwickeln Gebietskartelle, es ist Aneigung von Räumen auf Dauer zur Existenzsicherung ihres eigenen Lebensunterhaltes. Bei Jugendkulturen handelt es sich dagegen nur um eine zeitweilige Aneignung von Räumen zur Nutzung freizeitrelevanter Tätigkeiten.

Insofern unterscheidet sich die Aneignung oder Besetzung von Räumen durch jugendkulturelle Gruppen oder Gangs vor allem über die Dauer und Intensität der Raumeroberung. Im Gangland sind alle Gebiete in den Kampf auf der Straße einbezogen. Der Krämerladen an der Ecke, die Autowaschstation und die ansässige Bevölkerung muß mit der dauerhaften räumlichen Aneignung leben. Gangs, die sich durch kriminelle Aktivitäten ihre Räume aneignen und sie Fremden gegenüber auch mit nicht legitimen Mitteln verteidigen, zerstören gesamtgesellschaftliche Wert - und Normvorstellungen und bilden innerhalb öffentlicher Räume, Gangorte, die nicht von allen problemlos betreten werden können.

Jugendkulturen wählen demzufolge die vier erst genannten Möglichkeiten der Raum - aneignung, während sich Gangs für die letzte, die völlige und dauerhafte Besetzung von Räumen entscheiden.

Ein weiterer Unterschied besteht darin, daß sich Mitglieder von Jugendkulturen aus öffentlichen Räumen verdrängen lassen. Sie halten sich in verschiedenen ökologischen Zonen auf, bis sie als unbequeme Gruppierungen wieder ihren Raum verlassen müssen, weil dringende oder weniger dringende Renovierungen anstehen oder sich Anwohner beschwert haben.

Immer und in jedem Fall ist es also eine zeitweilige Aneignung von Räumen und keine endgültige und dauerhafte. Sie hat so lange Bestand, so lange diese Gruppierung im entsprechenden Gebiet geduldet und toleriert wird. Und sie ist auch deshalb zeitlich begrenzt, weil diese so angeeigneten Räume nur für freizeitrelevante Aktivitäten genutzt werden und in der Regel auf die Zeitspanne des Jugendalters bezogen ist.

7. Abschließende Überlegungen des deutschen Autors

„Es gibt keinerlei Anzeichen für Gruppenkriminalität, Blasen oder Banden in Sachsen", so schätzt zumindest der Leiter des Dezernates für Jugend - und Rauschgiftprävention beim Landeskriminalamt in Dresden die Situation gegenwärtig ein.

Der Abteilungsleiter für Kinder - und Jugenddelinquenz der Polizeidirektion in Leipzig sieht es ganz ähnlich: Jugenddelinqunez läßt sich mit einer Pyramide vergleichen, unten befindet sich die Basis, da gibt es viele, die nie eine Straftat begehen. Nach oben hin nehmen die Delikte immer mehr zu bis in die Spitze der Pyramide, wo nur noch vier bis fünf kriminell tätig sind. Sie fangen klein an und enden morgen beim Berufsverbrecher. Gelänge es, diese Spitze wegzubrechen, dann würde die Kriminalität wesentlich geringer sein.

Warum argumentieren die Ordnungshüter in Sachsen so, sind sie wirklich davon überzeugt, daß es keine kriminellen Banden gibt oder wollen sie diese nicht sehen? Mir ist bekannt, daß die Untätigkeit der Polizei in den USA - sei sie nun korrupt, unfähig oder politisch verunsichert - Hand in Hand mit der Einschüchterung ganzer Stadtteile im Gangland geht. Die auch anderenorts beklagte Nachlässigkeit der Polizei wie in den „Cape Flats" in Kapstadt wird darauf zurückgeführt, daß sie durch Banden ausgehalten wird. Hierzulande sind wir von derartigen Verhaltensweisen sicher noch weit entfernt und dennoch ist nicht zu verantworten, daß die Polizeidirektionen so blauäugig behaupten, es gäbe keine organisierten kriminellen Banden oder Cliquen.

Die Ausführungen dieses Buches sollten gerade auf solche Entwicklungen aufmerksam machen, die sich mitten unter uns, eigentlich gleich um die Ecke, herausbilden. Ganz zu schweigen von bereits etablierten Gangformen wie den Türkengangs in Berlin und anderen Ballungsgebieten Deutschlands. Wer diese Tendenzen nicht als organisiert und kriminell begreift, läuft Gefahr, zu spät zur Aufteilung der Welt zu kommen. Gewarnt sei vor allem vor dem Einstieg in höhere Entwicklungsformen von Gangs, die hierzulande infolge der materiellen Grundsicherung eher anzunehmen sind als anderswo.

Die Ursachen für das Entstehen organisierter Gangs sind mehrfach herausgearbeitet worden: es sind sowohl individuelle als auch gesellschaftliche Wurzeln. Jeder Mensch hat Grundbedürfnisse nach Liebe, Anerkennung, Achtung und individueller Entwicklung sowie Vervollkommnung. Werden diese auf Dauer nicht befriedigt, weil insbesondere der junge Mensch allein gelassen, vom Elternhaus ausgestoßen wurde und keine Aussicht auf eine angemessene Ausbildung und Arbeit bestehen, dann werden Verbindungen gesucht, die Heimstatt und Ersatz für diese Mangelleistungen versprechen. Die Clique dient gerade dazu, sich mit den alltäglichen Lebensrisiken auseinanderzusetzen und eigene Lösungen für das Leben zu finden. Hedonistische Orientierungen, Action und Spaß können nicht als Zeichen jugendlicher Verantwortungslosigkeit gedeutet werden, sondern als eine Möglichkeit, sich behaupten zu können.

Verhaltensweisen, die im dominierenden Sprachgebrauch als „abweichendes Verhalten", Delinquenz oder Kriminalität bezeichnet werden, sind der Jugend oder ihren Zusammenschlüssen nicht angeboren, sie werden in einer Gesellschaft erzeugt, die ihr keine ausreichenden Perspektiven geben kann.

Solche Einschätzungen verkörpern zudem immer den Standpunkt und das partikulare Interesse derer, die mit der politischen und ökonomischen Macht auch über die kulturelle Definitionsmacht verfügen. Mit Blick auf politisches oder pädagogisches Handeln zielen sie auf die „Besserung" oder „bessere Anpassung" derer, die durch ihr Verhalten nur zeigen wollen, daß auch sie noch da sind und gehört werden möchten (Liebel 1990, 122).

Ihnen immer wieder nachzuweisen, daß sie hier und dort nicht gern gesehen sind, sie immer wieder aus Territorien nur zu verdrängen, statt sie einzubeziehen, führt zu keiner Lösung, es verschärft die Situation nur noch. Wenn es keine Räume gibt, wo sich Jugendliche zurückziehen können, dann erlangt die Straße immer mehr an Bedeutung. Sie wird zu einem der wichtigsten Orte, wo Leben und Überleben „inszeniert" werden.

Gewiß brauchen junge Menschen eine Clique im Prozeß des Heranwachsens und der Ausbildung einer unverwechselbaren Identität. Sie brauchen sie aber nur so lange, bis erwachsene Rollen wie Berufstätigkeit oder Familiengründung übernommen werden. Nur, es haben nicht alle die Möglichkeit, diese Rollen anzunehmen. Ihnen wird der Zugang zu fundamentalen Sozialisationserfahrungen versagt. Insofern ist es nicht verwunderlich, wenn einige Jugendliche ihre Clique nicht nur nutzen, um erwachsen zu werden, sondern, um sich mit ihr durch delinquentes Verhalten ihren Lebensunterhalt zu sichern oder einfach nur oppositionell aufzufallen.

Cliquen und Banden sind auch eine Reaktion, auf erfahrene Ausgrenzung oder Feindseligkeit organisiert zu antworten, in der Minoritätssituation aktives Handeln auszuprobieren. Es ist eine Form von Selbstorganisation, die sich als Gegenpol und Antwort auf das Modell der traditionellen und offiziellen Ordnung verstehen lassen. Und auch das trifft sicher zu: Banden sind eine Art Spiegelbild einer zunehmend desorganisierten anomischen Gesellschaft, auch einer für Jugendliche perspektivreduzierten Gesellschaft und der in ihr verbreiteten Gewaltstrukturen.

Viele Jugendliche verzichten heute bewußt darauf, sich in traditionell vorbestimmte Muster pressen zu lassen und sie werden dann als jugendliche Randgruppen betrachtet, die von der sogenannten Normalität entfernt sind. Doch dieser Rand wächst und vergrößert sich unaufhaltsam. Setzt man sich nicht mit ihm auseinander, zerbricht an diesem Rand die Demokratie. Denn eine Gesellschaft, in der nur der erste Platz zählt und schon der zweite als Versagen gilt, muß zwangsläufig neben Gewinnern eine Vielzahl gebrochener Seelen produzieren.

Jugendliche in diesem Lande müssen wieder das Gefühl haben, gebraucht und nicht ausgegrenzt zu werden, wenn sie sich zeitweilig auffällig kleiden oder einfach nur anders sein
wollen. Sie so anzunehmen wie sie sind und sie bei ihren Bemühungen ernst zu nehmen,
das ist eine Aufgabe, die alle angeht. Das betrifft Ämter und Institutionen ebenso wie jeden normalen erwachsenen Bürger. Dazu gehört auch, jungen Menschen Freiraum zur
autonomen Entwicklung zu geben und zwar nicht nur ideellen, auch territorialen Raum.

In diesem Sinne sind Kommunalpolitiker und Städteplaner aufgerufen, sich für Jugend -
räume einzusetzen und sie politisch entsprechend zu entwickeln. Homogene und sozial
etikettierte, auch marginalisierte Wohngebiete müssen nicht zwangsläufig entstehen, wenn
entsprechende Weichen gestellt werden. Siedlungspolitisch heißt das, keine segregierten
und einseitig genutzte Nachbarschaften zuzulassen, das Leben überall wohnenswert zu gestalten.

Die Aufgabe der Sozialwissenschaften ist es, die Entwicklungen von Jugendgruppen,
Banden und Cliquen authentisch zu analysieren und sie nicht den Bedürfnissen der geltenden Ordnung anpassen oder gar in Schubladen einordnen zu wollen. Eine Sozialwis-
senschaft, die so vorgeht, erfaßt nicht nur die eine Seite jugendlicher Gruppierungen: ihre
Gewalttätigkeit, Delinquenz oder Andersartigkeit, sie begreift auch die Selbstorganisation
der Jugend gegen konkrete gesellschaftliche Entwicklungen.

Literaturverzeichnis:

Baacke, D.: Jugend und Jugendkulturen. München 1993;

Baacke, D.: Die 13 - 18jährigen. Weinheim/Basel 1992;

Baacke, D.: Ferchhoff, W.: Jugend, Kultur und Freizeit. In Krüger, H.-H. (Hrsg.): Handbuch der Jugendforschung. Opladen 1988;

Baacke, D.: Ferchhoff, W.: Jugend und Kultur, in: Krüger, H.-H. (Hrsg.): Handbuch der Jugendforschung. Opladen 1993;

Beck, U.: Jenseits von Stand und Klasse? Soziale Ungleichheiten, gesellschaftliche Individualisierungsprozesse und die Entstehung neuer Formationen und Identitäten. In: Kreckel, R. (Hrsg.): Soziale Ungleichheiten (soziale Welt, Sonderband 2.) Göttingen 1983;

Beck, U.: Risikogesellschaft. Auf dem Weg in eine andere Moderne, Frankfurt/M. 1986;

Bell, R.R.: Kultur der Jugendlichen, In: Friedeburg, L.v. (Hrsg.): Jugend in der modernen Gesellschaft, Köln 1965;

Böhnisch, L.; Funk, H.: Jugend im Abseits. München 1989;

Bundesministerium für Familie, Senioren, Frauen und Jugend: KABI: Konzertierte Aktion Bundes - Innovationen. Straßensozialarbeit/Mobile Jugendarbeit. Teil 1. Nr. 30, 7/1996;

Clarke, J.: Jugendkultur als Widerstand, Frankfurt/M. 1979;

Du Bois - Reymond, M., Büchner, P., Krüger, H.H., Ecarius, J., Fuhs, B.: Modernisierung von Kindheit im interkulturellen Vergleich. Opladen 1994;

Farin, K.: Seidel - Pielen, E.: Krieg in den Städten. Berlin 1993;

Ferchhoff, W.: Neubauer, G.: Jugend und Postmoderne. München 1989;

Ferchhoff, W.: Jugend an der Wende des 20. Jahrhunderts. Opladen 1993;

Freiberg, K. von/Thamm, B.G.: Das Mafia - Syndrom. Organisiertes Verbrechen: Geschichte - Verbrechen - Bekämpfung. Hilden 1992;

Foucault, M.: Andere Räume. In: Aisthesis. Wahrnehmung heute oder Perspektiven einer anderen Ästhetik. Leipzig 1990;

Fuchs, M.: Jugend, Jugendkultur und Gesellschaft. Remscheid 1992;

Ganser, K./Hesse, J./Zöpel, C.: Die Zukunft der Städte. Baden - Baden 1991;

Grohall, K.H.: Soziologie des abweichenden Verhaltens und der sozialen Kontrolle. In: Autorenkollektiv: Soziologie - Gesellschaftliche Probleme und sozialberufliches Handeln. Neuwied/Kriftel/ Berlin 1992;

Habermas, J.: Individualisierung durch Vergesellschaftung. In: Ders: Nachmetaphysisches Denken. Philosophische Aufsätze. Frankfurt/M. 1988;

Habermas, J.: Die neue Unübersichtlichkeit. Frankfurt/M. 1985;

Heitmeyer, W.: Gewalt. Schattenseiten der Individualisierung bei Jugendlichen aus verschiedenen Milieus. München 1995;

Herlyn, U.: Großstadtstrukturen und ungleiche Lebensbedingungen in der Bundesrepublik. Verteilung und Nutzung sozialer Infrastruktur. Frankfurt/M. 1980;

Holzkamp, Ch.: Jugendgewalt: männlich - weiblich. In: AgAG - Informationsdienst. 3/1994. Berlin 1994;

Horkheimer, M.: Gesammelte Schriften. Opladen 1987. Band 12;

Hornstein, W.: Strukturwandel der Jugendphase in der Bundesrepublik Deutschland. In: Ferchhoff, W.: Olk, T. (Hrsg.): Jugend im internationalen Vergleich. Weinheim/München 1988;

Hornstein, W.: Die Jugend. In: Eyferth, H./Otto, H.U./Tiersch,H. (Hrsg.): Handbuch zur Sozialarbeit/Sozialpädagogik. Darmstadt 1987;

Janke, H./Niehues, P.: Voll abgedreht. 1994,

Krüger, H.H.: Thole, W.: Jugend, Freizeit und Medien. In: Krüger, H.-H. (Hrsg.): Handbuch der Jugendforschung. Opladen 1993;

Lange, E.: Jugendkonsum. Opladen 1991;

Lemert, E.M: Der Begriff der sekundären Devianz. In: Lüdersen, K./Sack, F.(Hrsg.): Seminar abweichendes Verhalten I. Die selektiven Normen der Gesellschaft. Frankfurt/M. 1975;

Liebel, M.: Mala Onda. Wir wollen nicht überleben, sondern leben. Frankfurt/M. 1990;

Lutzebaeck, R./Schaar, H./Storm, L.: Jungen, Mädchen und Gewalt. IFFJ Schriften 8/1995. Berlin 1995;

Mansel, J.: Reaktionen Jugendlicher auf gesellschaftliche Bedrohung. München 1992;

More, D.: Detroit - education and work market. Lansing 1995;

Padilla, F. M.: The Gang as an American Enterprise. New Brunswick 1992;

Petermann, I.: Wohin mit den Kindern der Straße? In: SAX. Dresden 1996. Bd. 3;

Pohrt, W.: Brothers in Crime. Berlin 1997;

Sahini, A.: Drogen von A - Z. Weinheim/Basel 1990;

Sahini, A.: Designer - Drogen. München 1995;

Schäfer, H.; Baacke, D.: Leben wie im Kino. Jugendkulturen und Film. Frankfurt/M. 1994;

Schubarth, W.: Rechtsextremismus - eine subjektive Verarbeitungsform des Umbruches?. In: Heinemann, K.H.; (Hrsg.): Der antifaschistische Staat entläßt seine Kinder. Köln 1992;

Stadtverwaltung Weißwasser. Abteilung Organisation/DV/Statistik. 30.04.1995;

Stock, M.; Mühlberg, P.: Die Szene von innen. Berlin 1990;

Stürzbecher, W.: Großstadt - Rambos. Bergisch Gladbach 1994;

Taylor, C. S.: Dangerous Society. Lansing 1983;

Taylor, C. S.: Girls, Gangs, Women and Drugs. Lansing 1993;

Thiemann, F.: Kinder in den Städten. Frankfurt/M. 1988

Trasher, F. M.: The Gang. Chicago. 1927;

Ufer, P.: 49 Jahre, obdachlos und Boß einer Jugendclique. In: Sächsische Zeitung.   12. 11. 1995;

Wilson, W. J.: The Truly Disadvantaged. Chicago 1987;

Zing, W.: Underdogs. München/Köln 1994;